REINHARD DIPPELREITHER

Das Innereien-Kochbuch

Alte und neue Rezepte

Leopold Stocker Verlag
Graz – Stuttgart

Umschlagfoto: GUSTO, Wien (Foto: Eisenhut & Mayer)

Bibliografische Information Der Deutschen Bibliothek
Die Deutsche Bibliothek verzeichnet diese Publikation in der Deutschen
Nationalbibliografie; detaillierte bibliografische Daten sind im Internet über
http://dnb.ddb.de abrufbar.

ISBN 3-7020-1024-6
Printed in Austria
Layout: Klaudia Aschbacher, A-8101 Gratkorn
Gesamtherstellung: Druckerei Theiss GmbH, A-9431 St. Stefan

INHALT

Zur Ehrenrettung
   der Innereien 5

Bries 9
   Kalbsbries auf
     Marschallsart 9
   Ragout fin 10
   Ragout fin d'agneau 11
   Gebundene Briessuppe . . . 11
   Gebackenes Bries 11
   Kalbsbrieschen mit Macca-
     roni auf Mailänder Art . . 12

Herz 13
   Rahmherz 14
   Bürgerliches Herz 14
   Gefülltes Kalbsherz 15
   Griechisches Herz
     (Kardia) 16
   Türkisches Herz 16

Hirn 17
   Hirntascherln/-täschchen . 17
   Hirn mit Eierschwammerln/
     Pfifferlingen 18
   Rösthirn mit Ei 18
   Hirn, gebacken 19
   Gebundene Hirnsuppe 19
   Hirnpofesen 20
   Hirnsalat 21
   Hirnschöberl 21
   Hirnschnitten 21
   Hirn mit Montpellier-
     Butter 22

Knochen und Knochenmark 23
   Knochensuppe/-brühe 23

Markknödel/-klöße 25
Marknockerln/-klößchen . . 26
Markschöberl 26
Mailänder Risotto 27
Marksauce 28

Kutteln/Kaldaunen
   und Mägen 29
   Tripes à la mode de Caën –
     Kutteln/Kaldaunen Caën 30
   Busecca 31
   Königsberger
     Fleck/Kaldaunen 32
   Gailtaler Speckkutteln 32
   Kutteln aus
     dem Montafon 33
   Römische Kutteln 33
   Kutteln, jamaikanisch 33
   Warschauer Kutteln 34
   Breslauer Kutteln 34
   Prager Kutteln 34
   Lyoner Kutteln/
     Tablier des pompiers . . . 34
   Türkische Kuttelsuppe
     (Işkembe Çorbası) 35
   Hühnermägengulasch 35

Leber 37
   Glasierte Leber 38
   Berliner Leber 38
   Geröstete Leber 38
   Saure Leber 38
   Tiroler Leber 39
   Leberschnitzel/
     Gebackene Leber 39
   Leberknödel/-klöße als
     Einlage für Rindsuppe . . 40

Gebackene Leberknödel .. 40
Lebernockerln 40
Leberreis 41
Leberschnitten 41
Leberpofesen 41
Leberschöberl 42
Leberpüreesuppe 42
Brotsuppe mit Leber 43
Grüne Bandnudeln in
    Hühnerlebersauce 44
Tschechische Ofenleber .. 45
Florentiner Leber 46
Esterházy-Leber 46
Früchteleber 47
Camerani-Suppe 48
Leber-Paradeiser-/
    Tomaten-Suppe 48
Gebratene Gänseleber 48
Gebratene Entenleber 49
Kaninchenleber
    mit Rosen 49

Lunge 51
Beuschel 51
Beuschelsuppe 52
(Wiener) Salonbeuschel ... 52
Weinbeuschel 52
Celzatto 53
Lungenstrudel 53
Beuschel-/Lungen-
    kroketten 55
Lungenragout nach Art
    polnischer Matrosen 55

Milz 57
Milzschnitten 57
Milzschöberl 57
Milzpofesen 57
Niere 57

Gerollter Kalbsnieren-
    braten 58
Nieren mit Hirn 59
Paradeiser-/Tomatensuppe
    mit Nieren 60
Nierenpüreesuppe 61
Geröstete Nieren 61
Saure Nieren 61
Geflügelnieren 61
Kalbsnieren „Bukarest" ... 61

Zunge 63
Gekochte Zunge 63
Zungenhütchen 64
Steirische Krenzunge 64
Zunge mit Erdäpfel-/
    Kartoffelpüree 65
Gespickte Zunge 65
Tiroler Zunge 66
Liesls Lammzunge 66

Schlachtfest 69
Bruckfleisch 70
Äthiopisches Schlachtfest/
    Dullet 71
Griechische Ostersuppe/
    Mayiriza 72
Römisches Schlachtmenü . 74
Haggis 75

Sonstige Innereien 77
Schweinsnetz 77
Gespickte Rehleber
    im Netz 78
Schlachtlaibchen/-frika-
    dellen/-buletten im Netz . 78
Netzlaibchen/-frikadellen/
    -buletten 79
Jungfernbraten 80

4

ZUR EHRENRETTUNG
DER INNEREIEN

Vor rund 50.000 Jahren machte die Menschheit einen riesigen Sprung vorwärts, und Mutter Erde mußte sich ziemlich unvermittelt und ohne Vorankündigung mit Wesen auseinandersetzen, die – vergleichsweise – hochintelligent waren. Gleichsam von heute auf morgen fing der Mensch an, Schmuckstücke herzustellen, mehrteilige Werkzeuge und Waffen zu erfinden und neue Materialien zu entdekken. Was war geschehen?

Im Verlauf der ersten ca. 2,5 Millionen Jahre Menschheitsgeschichte verlief die Entwicklung zwar sehr langsam, stand aber nicht still. Allmählich lernte der Mensch, das Feuer zu zähmen und wilde Tiere zu erlegen. Irgendwann wurde das getötete Tier mit dem Feuer in Verbindung gebracht. Und, siehe da, es schmeckte gut! In Folge wurde der Jagd schon aus rein kulinarischen Gründen mehr Aufmerksamkeit geschenkt, und der Konsum von gegartem Fleisch stieg stetig an.

Da der frühmenschliche Verdauungstrakt allerdings auf die viel schwerer verdauliche rohe Mischkost ausgerichtet war, war er nun nicht mehr ausgelastet und „schrumpfte" daher im Lauf der Zeit – es entstand ein „evolutionäres Loch", das nach Füllung schrie. Ob zufällig oder gottgewollt, soll dahingestellt bleiben, jedenfalls entschied sich die Evolution für die Weiterentwicklung des Gehirns. Und vor ca. 50.000 Jahren war ebendieses bereits so hochvernetzt und leistungsfähig, daß nicht nur die eingangs erwähnten kulturellen Leistungen erbracht werden, sondern auch der Startschuß zum großen Sprung nach vor, hin zum modernen Menschen, getan werden konnte.

Diese wunderschöne, in den USA entwickelte Theorie, die das Kochen als Ausgangspunkt von Intelligenz sieht, gibt aber nur einen Teil der Wahrheit wieder. Denn die wirkliche Triebfeder, der Kern der Entwicklung unserer Intelligenz, ist nicht der Fleischkonsum im allgemeinen, sondern jener von Innereien im speziellen.

Erst vor gut einem Jahr wurde erkannt, daß eine der unabdingbaren Voraussetzungen für Steigerung und Erhalt der Leistungsfähigkeit

unseres Gehirns ein Stoff namens Phosphatidylserin (kurz: PS) ist. PS
kann in unserem inneren Laboratorium (Leber, Bauchspeicheldrüse)
aus bestimmten aufgenommenen Nahrungsbestandteilen (v.a. tieri-
sches Fett) hergestellt werden. In teflonbeschichteten Zeiten wie diesen sind Fette jedoch übel beleumundet, und unser Körper tut sich
daher mit der Produktion von PS schwer. Infolge des Mangels an PS
läßt die Leistungsfähigkeit unseres Gehirns kontinuierlich nach. Wir
müssen jetzt aber nicht der Verzweiflung anheimfallen und uns mit
Speck mästen – es gibt einen viel bequemeren und auch kulinarisch
abwechslungsreicheren Ausweg, unser Gehirn wieder auf volle Lei-
stung zu bringen: Innereien sind nicht nur prall mit Vitaminen gefüllt, sondern weisen auch einen extrem hohen Gehalt an Phosphatidylserin auf. Hin und wieder ein Innereiengericht, und eine Welt, in
der Vergeßlichkeit und Konzentrationsschwäche regieren, ist vorbei!
Ich wünsche eine gesegnete Mahlzeit!

Weinzierl, Frühjahr 2003   *Reinhard Dippelreither*

Hinweise:

Falls nicht anders angegeben, beziehen sich die Mengenangaben auf
den Appetit von vier guten Gourmets. Zu den Zutaten: EL = Eßlöffel,
TL = Teelöffel.
Bei den Zutaten gehe ich von küchenfertig vorbereiteten aus. Details
dazu sind eingangs bei den einzelnen Kapiteln angeführt.
Bei Temperaturen halte ich mich an Herde mit Ober- und Unterhitze;
wer mit Umluft arbeitet, muß die angegebenen Temperaturen laut
Betriebsanleitung seines Herdes verringern.
Innereien weisen – mit Ausnahme von Herz – einen hohen Gehalt an
Purinbasen auf. Wer unter Gicht leidet, muß Innereien daher leider
meiden. Dies ist jedoch kein Grund, an diesem schönen Büchlein
vorbeizugehen – beglücken Sie doch Ihre Lieben oder Freunde und

Bekannte mit dieser Abhandlung über die fachgerechte Zubereitung der Ursache menschlicher Intelligenz.

Seit mehr als zehn Jahren ist sich sogar die etablierte Schulmedizin einig darüber, daß ein erhöhter Blutfettspiegel nicht als quasi automatische Ursache für Herzinfarkte u. dgl. anzusehen ist. Die diesbezügliche Rolle des Cholesterins wurde in der Vergangenheit maßlos überbewertet. „Rauchen schädigt Ihren Körper wesentlich mehr als der Konsum von Innereien" – ist jedenfalls die persönliche Meinung des Autors.

BRIES

Das wohlschmeckende, leicht verdauliche und vitaminreiche Bries ist eine Drüse (Thymus), über die fast alle Wirbeltiere im juvenilen Stadium verfügen. Es liegt in der Brusthöhle hinter dem Brustbein; über seine Aufgabe und Funktion herrscht (noch) nicht gänzlich Klarheit. Offensichtlich scheint aber ein Zusammenhang mit Wachstum und immunologischem Geschehen zu bestehen.

In der Küche findet lediglich das Bries von Kälbern Verwendung (Lammbriese können auf dieselbe Art zubereitet werden, sind aber selten). In der Regel wird es küchenfertig vom Fleischer angeboten. Dennoch sollte man es zu Hause noch 1–2 Stunden wässern, 5 Minuten in Salzwasser blanchieren (es wird dabei „noch weißer", da auch der letzte Blutrest entzogen wird) und danach noch einmal auf evtl. Unregelmäßigkeiten (Knorpel, Häutchen, Blutgerinnsel usw.) überprüfen, diese werden entfernt. Nun das Bries unter leichtem Druck (mit Schneidebrett und einem ca. 200 g schweren Gewicht darauf) auskühlen lassen. Jetzt kann es so zubereitet werden, daß es unseren Gaumen erfreut.

KALBSBRIES AUF MARSCHALLSART

500 g Kalbsbries • Salz • Pfeffer • ca. 100 g feinstreifig geschnittenes Wurzelwerk (Gelbe Rübe, Karotte/Mohrrübe, Petersilienwurzel usw.) • Butter • ¹⁄₁₆ l Weißwein • ⅛ l Schlagobers/-sahne • Eierspeis/Rührei aus 3–4 Eiern • Blattsalate

Bries salzen und pfeffern, beiseite stellen. Wurzelwerk in Butter kurz rösten, salzen. Nun Bries dazugeben, weiterbraten. Bries dabei nicht brutal wenden, sondern nur sachte hin und her schieben; dabei laufend mit dem austretenden Saft begießen. Nach ca. 5 Minuten den Wein zugießen, Hitze drastisch reduzieren und das Bries zugedeckt in 15–20 Minuten fertig dünsten. Dann aus der Sauce nehmen, warm halten. Sauce passieren und mit Schlagobers/-sahne aufkochen, Würzung kontrollieren, auf sehr mollige Konsistenz reduzieren.

Servierplatte mit Blattsalaten belegen, aus der Eierspeis/Rührei einen Kranz formen, das in Scheiben geschnittene Bries gefällig anordnen und leicht mit der Sauce übergießen (Rest getrennt reichen).

RAGOUT FIN

1 ganzes (Suppen-)Huhn • 200 g grobgeschnittenes Wurzelwerk (Karotte/Mohrrübe, Gelbe Rübe, Petersilien- und [wenig] Selleriewurzel) • 1 kleine Zwiebel • Salz • mehrere Pfefferkörner • mind. 2 l Wasser • 2 EL Butter • 2 EL Mehl • Zitronensaft • einige Tropfen Worcestershiresauce • ⅛ l Schlagobers/-sahne • 1 Dotter/Eigelb • 200 g würfelig geschnittenes Kalbsbries • 100 g kleine, blättrig geschnittene, sautierte (kurz in heißem Fett geschwenkte) Champignonköpfe

Huhn in Salzwasser mit dem Wurzelwerk, der Zwiebel und den Pfefferkörnern in rund 1 Stunde weich köcheln (beachten Sie dabei auch die unter „KNOCHENSUPPE" [S. 23] angeführten Hinweise). Huhn aus Sud nehmen, Sud abseihen (Wurzeln usw. weggeben), beides erkalten lassen. Fleisch in kleine Würfel schneiden, erkalteten Sud entfetten.

Aus Butter und Mehl auf gelinder Flamme eine lichte Einmach/helle Mehlschwitze bereiten. Diese mit ca. ½ l der wiedererhitzten Hühnersuppe langsam aufgießen, glattrühren, 10 Minuten verkochen lassen. Nun mit Salz, Zitronensaft und Worcestershiresauce würzen (evtl. pfeffern), ca. 200 g der Hühnerfleischwürfel (vornehmlich die Brüstchen) einlegen, erwärmen (das Ragout sollte jetzt ziemlich dick sein). Danach Hitze reduzieren. Schlagobers/-sahne aufschlagen, Dotter/Eigelb zuletzt unterschlagen. Gemisch in die unter keinen Umständen mehr kochende Sauce (sollte unter 70° C haben) langsam mit dem Kochlöffel einrühren (danach sollte das Ragout sehr dick sein). Erst jetzt Brieswürfel und Champignonköpfe dazugeben. Nun besteht die letzte Möglichkeit, die Würzung zu korrigieren.

In den vornehmen Gourmettempeln dieser Welt wird das Ragout nun in gebutterte Jakobsmuschelschalen (echte oder solche aus Porzellan) gefüllt, mit Butterflöckchen besetzt und im sehr heißen Backrohr noch ca. 10 Minuten überbacken (erst dadurch wird das Bries gar) – von der in denselben Tempeln gehandhabten Unsitte, noch geriebenen Käse darüberzustreuen, rate ich allerdings entschieden ab! In Ermangelung von Jakobsmuschelschalen kann das Ragout aber auch in Palatschinken/Pfannkuchen oder Omeletten eingerollt oder eingeschlagen und im Backrohr überbacken werden.
Als weitere Bestandteile des Ragout fin können kleine Würfel feinsten Kalbfleisches sowie Kalbszunge Verwendung finden.
Tendieren Sie zum Außergewöhnlichen, dann tauschen Sie Kalbsgegen Lammbries (Hühnerfleisch bleibt) – „RAGOUT FIN D'AGNEAU". In diesem Fall kann auch eine kleine Gabe Knoblauch mit von der Partie sein. Beginnen Sie mit der Suche nach Lammbriesen (Sie benötigen zumindest 2 Stück) aber lange vor der geplanten Einladung!

„GEBUNDENE BRIESSUPPE" ist ein hervorragendes Entrée und wird wie „GEBUNDENE HIRNSUPPE" (S. 19) zubereitet. Nur das Petersiliengrün bleibt weg. Als Einlage empfehlen sich einige Croûtons und/oder sautierte Scheiben von Champignons.

„GEBACKENES BRIES" wird in etwas kürzerer Zeit wie „GEBACKENES HIRN" (S. 19) zubereitet.

Um die dem Bries auch in hochherrschaftlichen Häusern entgegengebrachte Wertschätzung zu unterstreichen, möchte ich Ihnen zum Abschluß dieses Kapitels ein Rezept aus dem 19. Jhdt. im Original-

wortlaut vorstellen. Es entstammt der Feder von Hrn. Johann Rotten-
höfer, „Königlicher Haushofmeister und vorher erstem Mundkoche
weil. Sr. Maj. des Königs Maximilian II. von Bayern".
Bei den Klammerausdrücken handelt es sich um Anmerkungen des
Autors.

KALBSBRIESCHEN MIT MACCARONI
AUF MAILÄNDER ART –
RIS DE VEAU AUX MACARONIS À LA MILANAISE

Die Kalbsbrieschen werden fein (und vorsichtig mit Speckstreifen)
gespickt und zum Dämpfen in eine flache Casserolle eingerichtet.
Ferner wird von Karolinen-Reis, der mit Geflügel-Bouillon weich
und dick eingekocht wurde, auf einer flachen Schüssel ein 6 Centimeter hoher und 4 Centimeter breiter Rand dressirt, in welchen außen herum rund ausgestochene Stückchen von geräucherter, recht
weich gekochter Ochsenzunge eingedrückt werden, und er sodann
zugedeckt warm gestellt wird. Die Kalbsbriesen werden nun mit
Kalbsfond und einem Stückchen Glace (bis zur Schnittfestigkeit re-
duzierte Fleisch-Suppe) weich gedämpft, schön glacirt (mit eigenem
Saft leicht überzogen) und über den Reisrand im Kranz angerichtet.
In ihre Mitte kommen Maccaroni, auf italienische Art (al dente) zubereitet, welche noch mit einem Purée tomate begossen werden.

(Der Reisrand wurde in der Regel nicht verzehrt, sondern diente nur
zur Stabilisierung der Maccaroni und natürlich als Dekoration.)

HERZ

Kein inneres Organ erfuhr – und erfährt! – eine größere allgemeine Verehrung als das Herz. Gleichgültig, ob man es sakral oder profan betrachtet: sein Stellenwert war und ist in praktisch allen Kulturen enorm hoch. Für die alten Ägypter war es Sitz des Verstandes, des Willens und der Gefühle, für die Azteken von Leben und Seele. Durch die Darbringung rituell geopferter Herzen konnte sich auch die Sonne auf ihrem Weg über das Firmament täglich regenerieren. Für die antiken Griechen war das Herz Sitz des Seelisch-Geistigen, des Wollens, der Gefühle und des Denkens. Auch im Katholizismus spielte und spielt das Herz eine herausragende Rolle – Herz Jesu-Verehrung, Herz Mariä-Feste. Letztendlich ist dieses Sinnbild mystisch-himmlischer Liebe auch als Symbol irdischer Liebe in den Niederungen des säkularen Lebens allgegenwärtig.

Betrachten wir das köstliche Herz aus der Sicht der Volksmedizin, so verleiht uns der Genuß dieses kalorienarmen Hohlmuskels – je nach Kultur und Jahrhundert – Mut, Kraft, Ausdauer, steigert die Begierde oder führt zu Schwermut, kann sogar lebensverjüngend wirken. In jedem Fall, so sehe ich es, führt es aber zu einem großartigen kulinarischen Erlebnis.

In der Regel wird Herz (Kalb, Lamm, Schwein, Rind) küchenfertig vom Fleischer angeboten. Kontrollieren Sie es dennoch auf geronnenes Blut, Häute, Knorpel, Blutgefäße – alles wegschneiden! Der Vorsicht wegen noch ca. 1 Stunde wässern, damit auch die kleinsten anhaftenden Blutreste aufgelöst werden, danach kräftig abwaschen. Herz ist purinbasenfrei!

RAHMHERZ

1 halbiertes Kalbsherz oder 2 ganze Lammherzen • 100 g nudelig geschnittener Selch-/Räucherspeck • Salz • Pfeffer, gemahlen • (gepreßter Knoblauch) • Mehl • Schmalz/Schweinefett • 1 grobgewürfelte Zwiebel • ca. ¾ l Kalbsknochensuppe (S. 23) • 2 Lorbeerblätter • ca. 150 g grobgewürfeltes Wurzelwerk (Karotte/Mohrrübe, Petersilienwurzel, Knollensellerie zu gleichen Teilen) • Butter • ⅛ l Sauerrahm • 1 gehäufter EL Mehl • (Essig/Zitronensaft • scharfer Senf/Mostrich • Kapern)

Küchenfertiges Herz eng mit Speckstreifen spicken, salzen, pfeffern (evtl. mit Knoblauch einreiben), leicht bemehlen und in heißem Schmalz/Schweinefett rundum rasch bräunen. Aus der Pfanne nehmen und beiseite stellen. Im selben Fett die Zwiebelwürfel goldbraun rösten (sollten noch Speckstreifen übrig sein, diese nach halber Röstzeit mitrösten). Nun mit ca. ½ l Kalbsknochensuppe aufgießen, Lorbeerblätter und Herz einlegen, zugedeckt weich dünsten bzw. langsam schmoren (ca. 1½ Stunden, falls nötig, heiße Suppe nachgießen). Währenddessen Gemüsewürfel in Butter knackig dünsten. Fertiges Herz aus der Sauce nehmen, warm halten. Rahm mit Mehl (und etwas kaltem Wasser) klumpenfrei verrühren und rasch in die Sauce einrühren, Gemüsewürfel dazugeben und Sauce 1 Minute kochen lassen. Würzung kontrollieren (mit Essig/Zitronensaft, scharfem Senf/Mostrich und Kapern abschmecken). Herz in Scheiben schneiden, auf vorgewärmter Servierplatte gefällig anordnen, mit Sauce überziehen und mit Erdäpfeln/Kartoffeln oder Scheiben eines Serviettenknödels/-kloßes umkränzen. Restliche Sauce extra reichen.

Schmoren Sie das Herz in Weißwein und nehmen Sie anstelle von Lorbeerblättern frische grüne Kräuter der Saison, spricht man von „BÜRGERLICHEM HERZ".

GEFÜLLTES KALBSHERZ

*1 ganzes Kalbsherz • 50 g in sehr feine Scheiben geschnittener Selch-
/Räucherspeck • 1 Schweinsnetz (siehe Kap. „Sonstige Innereien",
S. 77) • 150 g Suppengrün (Knollensellerie- und Petersilienwurzel,
Karotte/Mohrrrübe, Porree/Lauch) • Butterschmalz • ½ l Kalbs-
knochensuppe (S. 23) • 2–3 Gewürznelken • ca. 1 cm Zimtstange •
⅛ l Schlagobers/-sahne • eiskalte Butterflocken*

Fülle:
*Ca. 1 Handvoll Semmelwürfel/Knödelbrot • ¼ l Milch • 1 kleine
kleingehackte Zwiebel • Butter • 1 geschabte Knoblauchzehe • 1 TL
grobgewiegtes Petersiliengrün • 2 grobgehackte Dörrzwetschken •
Salz • Pfeffer • 1 Dotter/Eigelb*

Semmelwürfel in Milch einweichen. Zwiebel in Butter anschwitzen,
zuletzt Knoblauch ganz kurz mitbraten. Gänzlich durchweichte Semmelwürfel ausdrücken, abgetropfte Zwiebel und Knoblauch, Petersilie und die Dörrzwetschken untermengen, salzen, pfeffern. Dotter
/Eigelb einrühren, Masse 20 Minuten rasten lassen.
Herz innen mit Salz und Pfeffer einreiben, Fülle locker einfüllen.
Herz mit Speckscheiben belegen und fest in das Schweinsnetz einschlagen (oder spicken und zunähen).
Gefülltes Herz mit den Gemüsen in heißem Butterschmalz rundum
bräunen, mit der Suppe aufgießen, Nelken und Zimt dazugeben und
zugedeckt in ca. 2 Stunden fertiggaren, nötigenfalls heiße Suppe in
kleinen Dosen nachgießen. Fertiges Herz aus der Sauce nehmen und
warm stellen. Sauce passieren und auf sämige Konsistenz einkochen
(Würzung kontrollieren). Schlagobers/-sahne einrühren, nicht mehr
kochende Sauce mit der Butter binden. Herz in Scheiben schneiden,
Fisolen/Grüne Schnittbohnen und Reis (oder Kichererbsen) als Beilage geben, Sauce separat reichen.

GRIECHISCHES HERZ (KARDIA)

3 EL Olivenöl (im Original Margarine und Olivenöl zu gleichen Teilen) • ca. 500 g in mittelfingerlange und -dicke Stücke geschnittenes Kalbs- oder Lammherz • ⅛ l Weißwein • 1 EL Weißweinessig • ca. 300 g gehäutete und kleingeschnittene Paradeiser/Tomaten • 1–2 gehackte Knoblauchzehen • 2 mittlere Lorbeerblätter • Salz • Pfefferkörner, schwarz • einige Gewürznelken • ca. 200 g halbierte Schalotten (im Original können es gar nicht genug sein)

Herzstücke ca. 10 Minuten in Öl andünsten, danach Weißwein und Essig aufgießen und so lange leise köcheln lassen, bis die gesamte Flüssigkeit verdunstet ist. Jetzt Paradeiser/Tomaten, Lorbeerblätter, Pfefferkörner, Gewürznelken und Salz dazugeben. Nun schmoren, bis die Herzstücke halb durch sind (ca. 30 Minuten, kommt auf die Größe Ihres Mittelfingers an), hin und wieder umrühren, nötigenfalls Flüssigkeit (pures Wasser oder mit etwas Weißwein gemischt) nachgießen.
Dann die Schalotten in Öl nur kurz anbraten, abtropfen lassen und zum Herz geben – fertig schmoren.

Als Beilage empfehlen sich griechisches Weißbrot (pitta) oder Teigwaren (Kritharaki).

Ersetzen Sie den Wein durch Wasser oder Knochensuppe und die Paradeiser/Tomaten durch ein Gemisch aus Wasser und ca. 3 EL Sesampaste (Tahin, mittlerweile in besser bestückten Selbstbedienungsläden zu kaufen), erhalten Sie ein „TÜRKISCHES HERZ".
Dazu wird blütenweißer Reis mit einer 10%igen Beimengung von Pinienkernen serviert.

HIRN

Für die kulinarische Verwendung bieten sich (in qualitativ absteigender Reihenfolge) Kalbs-, Schafs- und Schweinehirn an. Grundsätzlich wären auch Pferdehirne und solche vom Wild eßbar, sie kommen aber praktisch nie in den Handel. Die ebenfalls eßbaren Rinderhirne landen fast durchwegs in der Wurstindustrie.

Hirn wird in der Regel küchenfertig vom Fleischer angeboten, dennoch sollten Sie es vor der Zubereitung rund eine halbe Stunde in kaltes, mit Essig oder Zitronensaft gesäuertes Wasser einlegen. Danach die durchsichtige Haut abziehen, evtl. noch vorhandene Blutgerinnsel u. dgl. entfernen und das Hirn so lange spülen, bis es blütenweiß geworden ist.

HIRNTASCHERLN/-TÄSCHCHEN

1 kleine feingehackte Zwiebel • 1 TL feingewiegtes Petersiliengrün • 2 EL Butter • 1 kleingehacktes Kalbshirn • 1 Ei • Salz • Pfeffer • 4 Palatschinken/Pfannkuchen (Durchmesser ca. 20 cm) • 1 Eiklar/-weiß • 2 Eier • Semmelbrösel/Paniermehl • Schmalz/Schweinefett

Zwiebel und Petersiliengrün in heißer Butter schwitzen lassen, dann Hirn dazugeben, Hitze etwas erhöhen und noch einige Minuten weiterrösten. Pfanne vom Feuer nehmen, Ei untermengen, salzen, pfeffern. Palatschinken/Pfannkuchen vierteln, jedes Viertel mit Hirnfülle belegen, Ränder mit Eiklar bestreichen und die Palatschinkenviertel zusammenklappen, Ränder fest andrücken. Anschließend durch verschlagene Eier ziehen, in Bröseln wälzen und in heißem Schmalz/Schweinefett backen. Auf Küchenkrepp abtropfen lassen und mit Spinat als Vorspeise (als Hauptspeise Menge verdoppeln) reichen.

HIRN MIT EIERSCHWAMMERLN/PFIFFERLINGEN

2 EL Butter • 1 EL sehr feingehackte Zwiebel • 1 feingehacktes Kalbs-hirn • selbe Gewichtsmenge Eierschwammerln (größere Exemplare geteilt) • Pfeffer • Salz • grobgewiegtes Petersiliengrün • 3 Eier

Zwiebel in nicht zu heißer Butter anschwitzen, Eierschwammerln dazugeben, kurz rösten, pfeffern, dann (soweit wie möglich) im ei-genen Saft zugedeckt weich dünsten. Das Hirn dazugeben und so lange offen garen, bis die gesamte Flüssigkeit verdampft ist. Jetzt salzen, Petersiliengrün dazugeben, Eier mit Gabel nur oberflächlich verschlagen (Dotter und Eiklar sollten noch teilweise getrennt sein) und über die Hirn-Schwammerl-Masse schlagen, zugedeckt bei ge-ringer Hitze stocken lassen.
Dazu harmoniert Erdäpfelsterz/Kartoffelschmarren.

RÖSTHIRN MIT EI

1 grobgehacktes Kalbshirn • 4 Eier • Salz • Pfeffer • Butter

Hirn in Butter 2–3 Minuten rösten, genau verschlagene Eier dazuge-ben, salzen, pfeffern, weiterrösten, bis alles gar ist. Sofort servieren – auf oder mit (getoastetem) Weißbrot.

Hinweis:
Ursprünglich röstete man nur das Eiklar/-weiß mit dem Hirn und rührte die rohen Dotter/Eigelb erst bei Tisch ein. Da dabei die Dotter aber nicht soweit erhitzt werden (mind. 70° C), daß etwaig vorhandene Salmonellen absterben, wird von dieser Zuberei-tungsart zumindest in Restaurants zunehmend Abstand genom-men.

HIRN, GEBACKEN

1 in größere Stücke geteiltes Kalbshirn • Salz • Pfeffer • 1 Ei • Mehl •
Semmelbrösel/Paniermehl • Zitronenspalten (unbehandelt) • viel
Schmalz/Schweinefett

Hirnstücke salzen und pfeffern, rundum in Mehl wenden, durch ver-
schlagenes Ei ziehen, in Bröseln wälzen, sofort bei gelinder Temperatur, im Schmalz schwimmend, hellbraun backen. Mit Zitronenspalten servieren.
Die angegebene Menge bezieht sich auf eine Vorspeise – ganze oder
lediglich grob zerrissene Blattsalate mit einer Vinaigrette benetzen,
gebackenes Hirn darauf anrichten, Sauce tatare getrennt in Schäl-
chen reichen. Wenn Sie gebackenes Hirn als Hauptspeise servieren
wollen, empfehle ich, dieses gemeinsam mit gebackenem Gemüse
(blanchierte Karfiol-/Blumenkohlröschen oder Champignonköpfe)
zu reichen. In diesem Fall auch die Blattsalate getrennt servieren.

GEBUNDENE HIRNSUPPE

2 EL Mehl • 2 EL Butter • 1½ l Knochensuppe (S. 23) • (evtl. etwas
abgeriebene unbehandelte Zitronenschale) • 1 kleine, sehr feinge-
schnittene Zwiebel • 1 blanchiertes Kalbshirn • ⅛ l Schlagobers/
sahne • Salz • Pfeffer • geriebene Muskatnuß • Petersiliengrün
(Schnittlauch)

Mehl in Butter auf gelinder Flamme in ca. 5 Minuten hell rösten (Zitronenschale zuletzt eine Minute mitrösten), mit Suppe aufgießen
und ca. 30 Minuten köcheln lassen.
Währenddessen Hirn trockentupfen und sehr klein hacken. Zwiebel
in Butter licht rösten, gehacktes Hirn dazugeben, noch 3–4 Minuten
weiterrösten, dann alles zur Suppe geben, mit Salz und Pfeffer würzen, einmal aufkochen lassen, Hitzezufuhr stark reduzieren, mit

Schneebesen einige Male kräftig durchrühren. Schlagobers/-sahne steif schlagen und in die Suppe rühren (sie darf dabei und auch nachher nicht mehr kochen!). Muskatnuß einrühren.

Suppe mit Petersiliengrün bestreut servieren.

Wer es besonders homogen will, kann die Suppe vor der Bindung passieren – in diesem Fall Backerbsen oder Croûtons als Einlage geben.

HIRNPOFESEN

1 EL Butter • 1 kleinere feingeschnittene Zwiebel • 1 feinstgehacktes Kalbshirn • 2 Dotter/Eigelb • feingewiegtes Petersiliengrün • Salz • Pfeffer • 8 ca. 6 x 6 cm große, dünne (3–4 mm) schwach getoastete (oder übertrocknete, vom Vortag übriggebliebene) Weißbrotscheiben • 2–3 Eier • viel Butter (Butterschmalz)

Zwiebel in Butter goldgelb rösten, Hirn dazugeben und weiterrösten, bis die Masse ziemlich trocken gefallen ist. Pfanne von Hitzequelle nehmen, Masse einige Male gut durchrühren, Dotter/Eigelb und Petersilie gut untermengen, würzen, Masse zugedeckt stocken lassen. Die Hälfte der Weißbrotscheiben mit überkühlter Hirnmasse bestreichen und mit der zweiten Hälfte der Brotscheiben bedecken (fest andrücken). Diese „Doppeldecker" zweimal diagonal durchschneiden, die erhaltenen Dreiecke durch die verschlagenen und gesalzenen Eier ziehen und in zerlassener Butter (Butterschmalz), beidseitig schwimmend, goldgelb backen. Auf Küchentuch abtropfen lassen und getrennt zur Suppe reichen oder gemeinsam mit Blattsalaten als Vorspeise geben.

Anstelle von verschlagenen Eiern kann auch Backteig verwendet werden. Diese Variante sollte sehr kroß gebacken werden.

Diese einzigartige Kreation, die je nach Jahrhundert und AutorIn in deutschsprachigen Büchern auch als Beweuse, Pavese, Pofése usw. bezeichnet wurde, erfordert in der Herstellung einiges Fingerspitzengefühl – geben Sie nach dem ersten mißglückten Versuch nicht auf!

HIRNSALAT

2–3 Lammhirne • Salz • Essig/Zitronensaft

Für die Marinade:
Olivenöl • Zitronensaft • kleingewiegtes Petersiliengrün • Salz • Pfeffer • einige ganze Kapern und/oder schwarze Oliven • (wenig Senf/Mostrich)

Hirne im Ganzen in stark mit Essig/Zitronensaft gesäuertem Salzwasser ca. 15 Minuten weich köcheln, gänzlich erkalten lassen, in ca. 5 mm feine Scheiben schneiden.
Zutaten für die Marinade gut vermischen, über die Hirnscheiben geben, auf Blattsalaten servieren.
Dieser delikate Salat wird in Griechenland (Miala Salata) wie in der Türkei (Beyin Salatası) gleichermaßen gern gegessen. In beiden Fällen wird Weißbrot dazu gereicht, in der Türkei auch noch rohe, über die gesamte Länge feinstreifig geschnittene Karotten/Mohrrüben, die in ein mit Zitronenwasser gefülltes Glas gestellt werden.

„HIRNSCHÖBERL" wird wie „MARKSCHÖBERL" zubereitet (S. 26).

„HIRNSCHNITTEN" werden wie „LEBERSCHNITTEN" zubereitet (S. 41).

HIRN MIT MONTPELLIER-BUTTER

1 Kalbshirn • 1 EL Olivenöl • 1 EL Würzessig (Estragonessig) • Salz • Weißer Pfeffer • 1 TL Zitronensaft • in kleine Scheiben/Dreiecke/ Streifen geschnittenes Weißbrot

Für die Montpellier-Butter (erweiterte Kräuterbutter):
250 g umgebungstemperierte Butter • mind. ⅛ Tasse (frisches) Kerbelkraut • je ⅛ Tasse (frische) Pimpernelle und (frischer) Estragon • einige Schalotten (nach Belieben, mind. jedoch 4) • 3–4 Sardellen (Konserve) • 1 EL Kapern • 3 Essiggurken mittlerer Größe • 5 hartgekochte Dotter/Eigelb • ½ Knoblauchzehe • Salz • nicht zuviel Schwarzer Pfeffer • wenig geriebene Muskatnuß • ¹⁄₁₆ l Olivenöl bester Qualität • 2–3 EL Würzessig • ca. 100 g Spinatblätter

Hirn wie zuvor unter „HIRNSALAT" beschrieben kochen und in der Kochflüssigkeit auskühlen lassen. Erkaltetes Hirn trockentupfen und in eine Schüssel legen. Mit Öl, Essig, Salz, Pfeffer und Zitronensaft übergießen und ca. eine Stunde marinieren, hin und wieder wenden.

Währenddessen die Kräuter für die Butter kurz blanchieren, ausdrükken und mit den anderen festen Zutaten so fein wie möglich stoßen/ reiben/schneiden/stampfen (Mörser, Cutter, Zauberstab, Wiegemesser) und mit den flüssigen Zutaten und der Butter genau vermengen. Zuletzt mit dem Spinatsaft hellgrün färben. Dazu die Spinatblätter im Mörser fein stoßen oder mit dem Schlagmixer pürieren und anschließend durch ein feines Sieb (oder Geschirrtuch) pressen. Wer's ganz fein haben will, kann die Butter noch abschließend durch ein Passiersieb treiben. Nun ca. 30 Minuten zugedeckt kühl stellen.

Hirn in feine Scheiben schneiden, Brotstücke mit der Montpellier-Butter bestreichen, Hirnschnitten darauflegen – wer will, garniert dieses delikate Entrée noch mit einem rohen Krebsschweifchen (Shrimp). Übriggebliebene Butter kann tiefgefroren werden.

KNOCHEN UND KNOCHENMARK

KNOCHENSUPPE/-BRÜHE

300 g Suppenknochen • 1 mittelgroße Zwiebel • 200 g Wurzelwerk • Pfefferkörner • Salz • ca. 3 l Wasser

Bemerkungen zu den Zutaten:

Es können Kalbs-, Rinds-, Schafsknochen und solche vom Wild verwendet werden. In allen genannten Fällen jedoch nur sogenannte Blut- bzw. Fleischknochen, also keine fettmarkhaltigen Röhrenknochen – das Mark würde die Suppe trüben. Die Knochen klein hacken (lassen). Kochzeiten: Schafs- und Kalbsknochen benötigen ca. 3 Stunden, Rindsknochen bis zu 5 Stunden, bis sie gänzlich ausgekocht sind, Knochen vom Wild liegen dazwischen. Überschritten sollten die angegebenen Kochzeiten nicht werden, denn dann beginnt sich Kollagen (Eiweiß) herauszulösen, welches dem Geschmack einer Suppe nicht besonders zuträglich ist (die Suppe „verleimt").

Es können (halbierte) gelbe und weiße Zwiebel verwendet werden. Das Nichtentfernen der Schale verhilft der Suppe zu einer kräftigeren Farbe.

Das Wurzelwerk besteht zu annähernd gleichen Gewichtsteilen aus sehr grobgeteilter Karotte/Mohrrübe, Porree/Lauch, Petersilienwurzel, Gelber Rübe und Knollensellerie (inkl. etwas Grün).

Die Würzung ist vom weiteren Verwendungszweck der Knochensuppe abhängig. Salz und Pfefferkörner bilden die Basiswürze. Weiters können noch (wenige) Pimentkörner und auch (2–3) Gewürznelken genommen werden. Bei Schafsuppe kann ein klein wenig Knoblauch Verwendung finden. Ein (fast) Muß hingegen stellt geriebene Muskatnuß dar (außer bei Wildknochensuppe; diese kann zusätzlich mit einigen getrockneten Wacholderbeeren gewürzt werden).

Die Zutaten sollten – da ein Nachgießen von Wasser zur Trübung führen kann – bereits von Beginn an in soviel kaltem Wasser zugestellt werden, daß zuletzt – nach dem Seihen – die benötigte Menge Suppe übrigbleibt (ca. 1 l für 4 Personen). Die exakte Wassermenge richtet

sich dabei nach den verwendeten Knochen und der gewünschten Qualität der Suppe, d.h. nach der daraus resultierenden Kochzeit – da bei offenem Topf gesiedet wird, verdampft ja einiges.
300 g Kalbs- oder Schafsknochen, in 2 1/2 l kaltem Wasser aufgestellt, ergeben bei dreistündigem Sieden ziemlich genau 1 l Suppe. Bei Verwendung von 300 g Rindsknochen sollten Sie für eine gänzliche Auslaugung rund 4 l Wasser nehmen usw. – alles nur ein Rechenexempel...

Hinweise zur fachgerechten Zubereitung:
Bei der einfachsten Variante genügt es, die Knochen in kaltem (!!!), gesalzenem Wasser zuzustellen, einmal aufwallen und anschließend leise und langsam sieden zu lassen – nicht zu stark kochen, das vor allem macht die Suppe trübe!
Um ihr einen kräftigeren Geschmack und auch kräftigere Farbe zu geben, können die Knochen vorher im Backrohr bei ca. 220° C kurz geröstet werden (v. a. bei Wildknochen sehr zu empfehlen). Anschließend ebenfalls in kaltem Wasser zustellen.
Zuletzt die heikle und heftig diskutierte Frage des Abschäumens: Grundsätzlich ist es nicht notwendig, da sich die Luft im Schaum ohnehin (wieder in Luft) auflöst, sich die festen Bestandteile setzen und abgeseiht werden können. Die Trübung der Suppe, die meist dem aufsteigenden Schaum angelastet wird, hängt ursächlich in keiner Weise mit diesem zusammen, sondern mit zu starkem Kochen!
Zumindest einmal müssen wir aber die Suppe aufwallen lassen, dabei bildet sich sehr viel Schaum. Dieser hat die äußerst gemeine Neigung, die Wände des Topfes hinaufzusteigen, überzulaufen und, in weiterer Folge, das gesamte Kochfeld zu „versauen". Versuchen Sie nicht, dieses Malheur durch kräftigen Kochlöffeleinsatz in Suppe und Schaum hintanzuhalten – dies gelingt zwar, doch es macht die Suppe wiederum trübe. Falls gerührt, besser: geschlagen, wird, dann nur im Schaum selbst, nie in Suppe und Schaum gemeinsam. Durch Schlagen entweicht die Luft, und der Schaum sackt wieder zusammen.

Wir lassen nun die Suppe im offenen Topf leise vor sich hin sieden. Falls Sie Wasser nachgießen müssen: immer nur heißes Wasser nehmen, nie kaltes, und nicht umrühren (beides könnte zur Trübung führen).

Das Wurzelwerk wird erst knapp eine Stunde vor Beendigung der Kochzeit beigegeben. Wollen Sie den Wurzelgeschmack betonen, dann können Sie die Wurzeln in Butter kurz braten.

Die fertige Suppe wird nun durch ein sehr feines Sieb (Haarsieb, Geschirrtuch) geseiht, danach wird die Würzung (Salz) kontrolliert. Erst kurz vor dem Anrichten wird die Suppe mit geriebener Muskatnuß gewürzt. Bei Tisch werden feingeschnittene Schnittlauchröllchen gereicht, die jeder selbst auf seinem Teller/Tasse verteilt.

Knochensuppe ist das ideale Medium für jede Art gebundener Suppen und – eigentlich in erster Linie zu erwähnen – für gehaltvolle Saucen. Sie vermittelt in Saucen einen Hauch von Rind/Kalb/Schaf/Wild, ohne den namengebenden Bestandteil der Sauce zu überdecken; mit Fleischsuppe z.B. gelingt das nie!

MARKKNÖDEL/-KLÖSSE

2 Semmeln/Brötchen • 100 g Rindermark • 2 Eier • 1–2 TL handwarme Butter • 50 g Semmelbrösel/Paniermehl • kleingehacktes Petersiliengrün • Salz • Wasser

Semmeln/Brötchen entrinden, in Wasser einweichen. Mark bei gelinder Temperatur schmelzen, abseihen, wieder erkalten lassen, anschließend schaumig rühren. Eingeweichte Semmeln sehr gut ausdrücken und passieren. Dann gemeinsam mit Eiern, Butter, Petersilie und Semmelbröseln (beide können kurz in Butter geröstet werden), Salz genau vermengen, rund eine halbe Stunde rasten lassen.

Dann Knödel/Klöße formen (als Suppeneinlage ca. 4 cm, als Beilage 5–6 cm Durchmesser) und in kochendes, gesalzenes Wasser einlegen, ca. 10 Minuten leicht wallend kochen lassen. Knödel in vorgewärmte Suppenterrine legen, mit heißer Suppe übergießen, sofort servieren.

MARKNOCKERLN/-KLÖSSCHEN

Werden wie oben dargestellt zubereitet, sind jedoch kleiner (Durchmesser ca. 2 cm). 2 Minuten kochen und ca. 10 Minuten zugedeckt ziehen lassen.

> **Tip:**
> Garen Sie zuerst einen „Probeknödel"! Sollte sich die Masse als zu weich erweisen, noch Semmelbrösel (bei Nockerln/Klößchen auch Mehl) daruntermengen und noch einmal rasten lassen.

MARKSCHÖBERL

100 g Rindermark • 4 Dotter/Eigelb • 2 steifgeschlagene Eiklar/-weiß • Salz • geriebene Muskatnuß • kleingewiegtes Petersiliengrün • 100 g Mehl

Mark bei mäßiger Temperatur schmelzen, abseihen, auf Handwärme abkühlen lassen. Dann mit den Dottern/Eigelb schaumig schlagen und würzen. Eischnee vorsichtig darunterheben, anschließend das Mehl vorsichtig mit dem Kochlöffel (nicht mit dem Mixer oder Schneebesen) einrühren, sofort im Backrohr auf gebuttertem und bemehltem Backblech ca. 1 cm dick auftragen und ca. 10 Minuten bei sehr hoher Temperatur (ca. 220° C, vorgeheizt) backen. Überkühlen lassen und in beliebige (nicht zu große) Formen schneiden. Schöberl werden nicht in die Terrine eingelegt, sondern extra zur Suppe gereicht. Markschöberl können einige Tage im Kühlschrank aufbewahrt werden – vor dem Servieren erwärmen.

MAILÄNDER RISOTTO

Ca. 100 g Knochenmark • 1 kleinere feingehackte Zwiebel • 1 TL Butter (oder Schmalz/Schweinefett) • 2 Tassen Risottoreis, Arborio beispielsweise (oder einfach Rundkornreis, ungewaschen!) • ca. 3 ½ Tassen heiße Knochensuppe/-brühe (S. 23) • ca. ½ Tasse (nicht zu herber) Weißwein • Salz • Pfeffer • einige Safranfäden (Menge nach Belieben und Geldbeutelgröße) • 1 EL nicht zu fein geriebener (junger) Parmesan (oder gut gereifter Pecorino [italienischer Schafhartkäse])

Knochenmark bei mäßiger Temperatur schmelzen, seihen, abkühlen lassen.

Zwiebel in Butter bis zum Gelbwerden (maximal) in breiter, flacher Pfanne rösten, zuletzt 2–3 Minuten den Reis mitrösten, bis er (zumindest) glasig geworden ist. Nun mit der Hälfte des Weines ablöschen (restlichen Wein zur Suppe gießen, Gemisch heiß halten!), aufkochen und danach Hitze sofort drastisch reduzieren. Wenn der Reis den gesamten Wein aufgenommen hat, eine kleine (einige EL) Gabe des heißen Suppe-Wein-Gemisches zugießen, würzen, wieder warten, bis der Reis die gesamte Menge aufgenommen hat, wieder eine kleine Menge zugießen. So lange fortfahren, bis der Reis gar ist (ca. 20 Minuten). Es ist dabei darauf zu achten, daß der Reis nie kocht, auch nicht köchelt, er sollte eigentlich nur zugedeckt quellen. Dabei fleißig mit dem Kochlöffel rühren; die Gefahr, daß sich der Reis am Topfboden anlegt, ist groß. Wenn der Reis halb durch ist, den Safran zugeben. Wenn er ganz durch ist, das Knochenmark unterrühren und mit Käse bestreuen. Erst nachdem der Käse angeschmolzen ist, unterrühren und das/den Risotto noch einige Minuten rasten lassen. Auf vorgewärmter Platte servieren und ein Glas gehaltvollen norditalienischen Rotwein (Valtellina, S. Maddalena) als „Beilage" reichen.

Diese Art des Mailänder Risotto ist, wenn schon nicht das/der Ur-Risotto schlechthin, so eine der ursprünglichsten Risotto-Varianten.

Es/er wird als Hauptspeise gereicht, harmoniert aber auch zu gebratenem Rind- und Hammelfleisch. Die einzelnen Reiskörner sollten al dente und noch deutlich als solche erkennbar sein, dennoch muß das fertige Gericht eine mehr oder weniger breiige Konsistenz aufweisen – nicht gerade einfach zu bewerkstelligen, aber köstlich!

MARKSAUCE

100 g Knochenmark • 50 g Butter • 100 g Semmelbrösel/Paniermehl • ½ l Knochensuppe (S. 23) • Salz • Pfeffer

Mark und Butter bei gelinder Temperatur schmelzen, Semmelbrösel/Paniermehl dazugeben und ca. 5 Minuten unter regelmäßigem Rühren leicht rösten, zuletzt Temperatur erhöhen, Brösel noch ca. 1 Minute kräftig Farbe nehmen lassen und mit Suppe aufgießen, auch dabei kräftig rühren. Bei wiederum milder Hitze so lange köcheln, bis eine cremige Konsistenz erreicht wird (mindestens jedoch 10 Minuten, nötigenfalls heiße Suppe nachgießen). Zuletzt mit Salz und Pfeffer abschmecken.

KUTTELN/KALDAUNEN UND MÄGEN

Mit an Sicherheit grenzender Wahrscheinlichkeit hat im Laufe der Jahrhunderte jede Ortschaft dieser Welt ein ultimatives Kuttelgericht kreiert. Da hier der Platz fehlt, alle anzuführen, möchte ich Ihnen zumindest die exzeptionellsten Varianten in Kurzfassung vorstellen. Als Einstieg in die Welt der Kutteln/-Kaldaunen werden die beiden wohl berühmtesten Kuttelgerichte des Erdenrundes in ihrer Basis-Charakteristik präsentiert. Alle weiteren Rezepte folgen dem dabei angewandten Grundmuster (es sei denn, es wird ausdrücklich auf eine Ausnahme hingewiesen).

In allen Fällen gehe ich dabei von bereits gereinigten und vorgekochten Kutteln/Kaldaunen aus, wie sie üblicherweise beim Fleischhauer/Metzger angeboten werden. Wie weit diese vorgekocht sind, ist von Fleischer zu Fleischer unterschiedlich. Manches Mal genügt lediglich ein Aufwärmen (ca. 10 Minuten köcheln), ein anderes Mal müssen Sie die Kutteln noch eine Stunde köcheln. Sie sollten zuerst eine Kochprobe durchführen, um die exakte Kochzeit herauszufinden – das fertige Produkt sollte jedenfalls noch leichten Biß aufweisen.

In der Küche finden Kutteln vom Kalb, Rind und Schaf zum Wohle der Familie und der Gäste Verwendung. Man unterscheidet glatte (vom Pansen) und krause/gekräuselte (vom Blättermagen, die schmackhafteren) Kutteln. In der Regel werden krause Kutteln angeboten. Für Schafskutteln müssen Sie den Weg zu einer Fleischerei in türkischer oder griechischer Hand finden. Bei den angeführten Gerichten wird weder nach Art noch nach Sorte unterschieden (außer es ist dies ausdrücklich festgehalten); die Auswahl obliegt somit Ihren persönlichen Vorlieben.

TRIPES À LA MODE DE CAËN – KUTTELN/KALDAUNEN CAËN

1 mittelgroße grobgehackte weiße Zwiebel • 1 feinblättrig geschnittene Knoblauchzehe • 1 TL Butter • 1 daumengroßes Stück Rindernierenfett • ca. 200 g grobgeschnittenes Wurzelgemüse (zumindest Karotten/Mohrrüben und Porree/Lauch, aber auch Knollensellerie und Petersilienwurzel sind zusätzlich möglich) • 1 der Länge nach zweimal geteilter Kalbsfuß • ca. ½ l Wasser (evtl. leichte Knochensuppe/-brühe) • 1 kleine feinstreifig geschnittene weiße Zwiebel • ca. 150 g feinstreifig geschnittenes Wurzelgemüse (selbes wie zuvor) • 1–2 Gläschen Calvados (d.i. gebrannter Cidre, also Apfelschnaps) • ½ l Cidre (Apfelwein aus der Normandie, in Ermangelung dessen ist auch Apfelwein/-most aus heimischen Gebieten erlaubt) • ca. 600 g in feine Streifen geschnittene Kutteln/Kaldaunen (ich gehe hier von exakt vorgekochten Kutteln aus, die nur mehr kurz erwärmt werden müssen) • Thymian • 1 Lorbeerblatt • Salz • Pfeffer

Grobgehackte Zwiebel und Knoblauch in Butter und Nierenfett kurz anschwitzen, grobgeschnittenes Gemüse dazugeben, noch kurz weiterrösten, dann mit Wasser aufgießen, Kalbsfußteile, Thymian und Lorbeerblatt einlegen, salzen und ca. 2 Stunden köcheln lassen. Dann abgießen, Sud heiß halten. Gemüse anderweitig verwenden (oder weggeben). Kalbsfuß auslösen, Knochen weggeben, restliche Teile soweit wie möglich streifig schneiden, beiseite stellen.

Streifig geschnittene Zwiebel in nicht allzu heißer Butter hell rösten, Gemüsestreifen dazugeben, 1 Minute weiterrösten, dann mit Calvados ablöschen, einige Male umrühren und mit Cidre aufgießen, Kalbsfußteile sowie Kutteln/Kaldaunen dazugeben und mit dem zuvor gefertigten Sud auf eine Ihnen zusagende Konsistenz bringen, alles ca. 10 Minuten köcheln lassen. Erst zuletzt mit Salz und Pfeffer abschmecken.

Es könnten nun Dutzende Variationen dieses weltberühmten Gerichtes angeführt werden. Wer es erstmals kreiert hat, bleibt im Dunkel der Geschichte verborgen. Typische Merkmale der „Tripes à la mode de Caën" sind – neben den Kutteln natürlich – der Cidre, der Kalbsfuß und das in Streifen geschnittene Gemüse. Gleichgültig, welchen Charakter Sie diesem Gericht verleihen – Suppe, Brei, Sauce, Eintopf, Schmorgericht, Pfannengericht –, Sie können es immer so bezeichnen und befinden sich in bester Gesellschaft. Die Star- und Haubenköche dieser Welt machen das nicht anders.

Persönlich bevorzuge ich eine leicht saucige, mit wenig ($\frac{1}{16}$ l) Schlagobers/-sahne abgerundete Variante, zu der lediglich gebrochenes Baguette (und knochentrockener Weißwein) gereicht wird.

BUSECCA

Für die Busecca gilt das zuvor Gesagte. Sie ist in Italien, in der Schweiz, in Frankreich, in den ehemaligen italienischen Kolonien sowie in Übersee bekannt und beliebt. In der Praxis bedeutet dies wiederum Dutzende Variationen, die den jeweiligen Ernährungsgewohnheiten angepaßt sind. Als typische Merkmale können die Paradeiser/Tomaten, der Speck und der Salbei gelten.

1 große kleingehackte Zwiebel • 4 oder 5 grobstreifig geschnittene Salbeiblätter •150 g nudelig geschnittenes Gemüse – zumindest Karotte/Mohrrübe und Knollensellerie, wobei bei der Sellerie die Meinungen schon stark variieren: von Knollensellerie bis Bleichsellerie ist alles möglich. Jedes andere Wurzelgemüse, aber auch Kohl/Wirsing und Kraut sind „erlaubt", Mengenverhältnis nach Ihren Vorlieben, Karotte/Mohrrübe und Sellerie sollten aber überwiegen • ca. 50 g Selch-/Räucherspeck • 1 EL Butter • viel Pflanzenöl • 750 g nudelig geschnittene Kutteln/Kaldaunen • gehäutete, kleingeschnittene Paradeiser/Tomaten (oder -mark), Menge nach Belieben – es sollte jedoch keine Paradeiser-/Tomatensuppe/-sauce werden, max. also 2–3 Paradeiser mittlerer Größe und Geschmacksintensität • Salz • Pfeffer • ca. ½ l Flüssigkeit (Wasser, Knochensuppe, Rindsuppe,

Weißwein, Rotwein, Sherry oder Mischungen derselben) • geriebener Parmesan (oder Padano)

Zwiebel, Salbei, Gemüse und Speck in Butter und Öl kurz anschwitzen, Kutteln/Kaldaunen dazugeben und gut 3 Minuten bei erhöhter Temperatur weiterbraten. Dann Paradeiser-/Tomatenwürfel dazugeben, solange weiterbraten, bis sich die Flüssigkeit nahezu verflüchtigt hat. Jetzt salzen, pfeffern, mit Flüssigkeit aufgießen und noch rund 15 Minuten köcheln lassen.
Vor dem Servieren mit Käse bestreuen und mit Weißbrot zu Tisch bringen.

KÖNIGSBERGER FLECK/KALDAUNEN

werden nudelig geschnitten, in dicker Sauce (Einmach/helle Mehlschwitze, mit Knochensuppe aufgegossen) mit ebenfalls nudelig geschnittenem Wurzelgemüse und in Scheiben geschnittenen Zwiebeln serviert. Gewürzt wird mit Salz, Pfeffer, etwas Piment und viel, sehr viel Majoran, geriebener Muskatnuß und viel frischem Petersiliengrün.

GAILTALER SPECKKUTTELN

Zwiebel und viel Selch-/Räucherspeck rösten, mit Zitronensaft ablöschen, mit Knochensuppe aufgießen. Gewürzt wird mit Salz, Pfeffer, Lorbeer, Thymian, Knoblauch, 15 Minuten kochen lassen, nudelig geschnittene Kutteln/Kaldaunen einlegen, erwärmen. Fertiges Gericht – es sollte ziemlich dick sein – mit viel Petersiliengrün und grobgeraspeltem geräuchertem Käse (im Original „Sölchschott'n" = geselchter/geräucherter Topfen/Quark) bestreuen.

KUTTELN AUS DEM MONTAFON

200 g in Ringe geschnittene Zwiebeln in Butterschmalz licht rösten, dann ca. 300 g nudelig geschnittene Kutteln dazugeben, weiterrösten. Wenn alles gänzlich trocken gefallen ist, ungefähr (je nach Laune) 300 g gekochte und in dünne Scheiben geschnittene Erdäpfel/Kartoffeln mitrösten. Knapp bevor letztere beginnen, anzubrennen/sich anzubacken, mit löffelweise zugegossener Flüssigkeit (Wasser, Knochensuppe) dies verhindern. Wenn alles weich ist, mit Salz und Kümmelsamen würzen und mit geriebenem Hartkäse (Rässkäs') servieren. Beilage: Weißbrotscheiben.

RÖMISCHE KUTTELN

werden gemeinsam mit kleingeschnittener Zwiebel, Karotte/Mohrrübe, Stangensellerie und Petersilienwurzel in leicht gesüßter, mit einigen Gewürznelken aromatisierter, mit Pecorino verdickter Sauce und mit kleingewiegten Pfefferminzblättern bestreut, serviert.

KUTTELN, JAMAIKANISCH

2 in Scheiben geschnittene Zwiebeln • 2 nudelig geschnittene Karotten/Mohrrüben •1 TL Butter • Salz • Thymian • Petersiliengrün • Saft einer Zitrone • 700 g nudelig geschnittene Kutteln • 1/8 l Suppe • 1 kleingehackte Zwiebel • 4 gehäutete, grobgehackte Paradeiser/Tomaten • 1 TL Rum • geriebene Muskatnuß • 1/4 TL frischer geriebener Ingwer • einige Gewürznelken

Zwiebelscheiben und Karotten/Mohrrüben in Butter anschwitzen, mit Salz, Thymian, Petersilie und Zitronensaft fertig dünsten, Kutteln/Kaldaunen zuletzt nur mehr erwärmen. Restliche Zutaten untermischen (Gewürznelken obenauf verteilen) und alles im Backrohr zugedeckt bei ca. 160° C ½ Stunde backen. Beilage: Erdäpfel-/Kartoffelpüree und/oder gebratene Kochbananen.

WARSCHAUER KUTTELN

In Streifen geschnittene Kutteln/Kaldaunen werden mit gebratenen Zwiebeln und nudelig geschnittenem, in Butter gedünstetem Wurzelgemüse in nicht zu dicker, fast suppiger Sauce (Einmach/helle Mehlschwitze, mit Knochensuppe aufgegossen) gereicht. Gewürzt wird mit Salz, Pfeffer, Lorbeer, Piment, Paprikapulver edelsüß, Majoran und frischem, feingestoßenem Ingwer. Vor dem Servieren mit geriebenem Hartkäse und gerösteten Semmelbröseln/Paniermehl bestreuen.
Gibt man zum Wurzelgemüse noch in Streifen geschnittenen Kohl/Wirsing dazu, so spricht man von „BRESLAUER KUTTELN".

PRAGER KUTTELN

Nudelig geschnittene Kutteln/Kaldaunen werden gemeinsam mit frischem Ingwer in Salzwasser kurz gekocht, abgeseiht und gemeinsam mit Salzerdäpfeln/Pellkartoffeln (oder Kümmelkartoffeln) gereicht. Die Sauce wird extra serviert: Einmach/helle Mehlschwitze mit Knochensuppe aufgießen, mit Knoblauch, Macis („Muskatblüte"), Salz und Petersiliengrün würzen.

LYONER KUTTELN / TABLIER DES POMPIERS

Pfannengroße (!) Kuttelstücke werden gesalzen, gepfeffert, in Mehl, Ei und Semmelbröseln/Paniermehl gewendet und schwimmend in Öl gebacken. Als Beilage werden lediglich Salate genommen.

Genau übersetzt heißt dieses Gericht „Feuerwehrschürze". Der Legende nach erinnert es an die Arbeitskleidung der Feuerwehrmänner im vor- und vorvorigen Jahrhundert.

TÜRKISCHE KUTTELSUPPE (IŞKEMBE ÇORBASI)

Aus 1 TL Butter und 1 TL Mehl eine sehr helle Einmach/helle Mehlschwitze bereiten, mit etwas Milch glattrühren (evtl. 1 Dotter/Eigelb untermengen), nach und nach mit Knochensuppe auf ca. 1 l aufgießen. 10 Minuten kochen lassen, Saft einer Zitrone, Salz, Pfeffer dazugeben, (viel) Knoblauch mit Essig grob quetschen, in die Suppe geben. 5 Minuten kochen, zuletzt die quadratisch (ca. 1 cm Seitenlänge) geschnittenen Kutteln/Kaldaunen erwärmen. Paprikapulver in heißer Butter einige Sekunden rösten, vor dem Servieren über die Suppe gießen. Knoblauch-Essig-Gemisch zusätzlich extra reichen.

Außer den Mägen der wiederkäuenden Schlachttiere finden in der Küche nur Hühnermägen Verwendung. In bereits gereinigtem Zustand sind sie in Geflügelfachgeschäften, teilweise auch schon (bzw. schon wieder) in Supermärkten erhältlich. Im Gegensatz zum weichen Magen der Wiederkäuer ist der Hühnermagen bezüglich Konsistenz und Aussehen von geschmortem Säuger-Muskelfleisch fast nicht zu unterscheiden – der Geschmack hingegen ist einzigartig!

HÜHNERMÄGENGULASCH

100 g feingehackte Zwiebel • 150 g streifig geschnittene grüne Paprikaschoten • 1 EL Gänsefett • 1 EL Paprikapulver edelsüß • etwas Zitronenschale (unbehandelt) • ¾ l Hühnersuppe (oder Knochensuppe) • 600 g Hühnermägen (größere halbieren) • Salz • Pfeffer • viel kleingehacktes Petersiliengrün

Zwiebel mit ca. $^1/_3$ der Paprikaschoten in Fett licht rösten, Paprika-pulver und Zitronenschale nur einige Sekunden mitrösten und sofort mit $^1/_2$ l Hühnersuppe aufgießen, 20 Minuten köcheln lassen. Dann Hühnermägen einlegen, Temperatur reduzieren und ca. 1 $^1/_2$ Stunden schmoren lassen, verdampfte bzw. aufgesogene Flüssigkeit in klei-nen Dosen ergänzen. Ca. 10 Minuten bevor die Mägen gar sind, die restlichen Paprikastreifen hinzugeben (im servierten Gulasch sollten sie noch Biß haben). Zuletzt salzen und pfeffern. Erst in der Terrine mit viel Petersiliengrün bestreuen. Keine Beilage!

LEBER

Dieses gar köstliche Organ ist von einer ungemein mystischen Aura umgeben. In der Antike galt die Leber als Sitz von Lebenskraft, Seele, Liebe, Begierde und auch Zorn. In vorchristlichen Zeiten wurde bei den weitverbreiteten Tieropfern eine „Leberschau" vorgenommen und daraus die Zukunft der Gemeinschaft gedeutet. Babylonier taten dies, Hethiter, Etrusker und auch die Römer. Seit Jahrhunderten gebührt angestellten Jägern zusätzlich zum vereinbarten Salär nach erfolgtem Abschuß eines Wildtieres zumindest das „Kleine Jägerrecht" – die Gesamtheit der Innereien; im Zentrum steht dabei die Leber. Kein Wunder, zählt doch die Rehleber nicht nur zu den außergewöhnlichsten Köstlichkeiten auch großer Tafeln, sondern ist auch Sitz von Kraft, Klugheit und Ausdauer des erlegten Tieres. Der Jäger verleibt(e) sich diese auch für ihn wichtigen Fähigkeiten durch den Genuß der Leber (und des Blutes) ein.

Für den menschlichen Verzehr höchst wohlwollend empfohlen seien folgende Lebern: Kalbsleber ist vorzüglich, Schweinsleber ist ein guter Ersatz für Kalbsleber, Rindsleber fällt dagegen leicht ab, Lammleber ist einer der herausragendsten Genüsse am Innereientableau, Leber vom Wild (in erster Linie sind hier Reh und Hirsch zu nennen) zählt, wie gesagt, zu den erstklassigen Tafelfreuden, Kaninchenleber besticht durch ein außergewöhnlich feines Geschmäckchen. Hühnerleber zählt zu den großen Feinheiten der Küche. Gänseleber: vom Feinsten. Meiner bescheidenen Meinung nach wird sie von Entenleber noch übertroffen. Leber vom Truthahn zeichnet sich durch samtige Konsistenz und großartigen Geschmack aus.

Allgemeine Hinweise zur Verarbeitung:
Bei den Rezepten gehe ich von bereits gehäuteter, gereinigter und von allen Röhren und Strängen befreiter Leber aus.
Leber beim Braten immer schwenken, hin und her rütteln.
Bezüglich des Salzens herrscht oft Unklarheit – halten Sie sich an die Rezepte, und es wird kein Unglück geschehen.

GLASIERTE LEBER

600 g in dünne (knapp 1 cm) Filets geschnittene Kalbsleber • 3–4 EL Butterschmalz • Salz • Pfeffer • Mehl • knapp ⅛ l Rind- oder Knochensuppe • kalte Butterflöckchen

Leberfilets salzen und pfeffern, beidseitig bemehlen und ca. ½ Minute pro Seite in heißem Schmalz bräunen, warm stellen. Bratfond mit Suppe aufgießen, auf ca. die Hälfte einkochen. Dann Hitze drastisch reduzieren, Sauce mit kalten Butterflöckchen binden (Sauce darf dabei nicht mehr kochen!), Leberfilets wieder einlegen, noch ca. 1 Minute zugedeckt garen. Leber sofort servieren – die Filets sollten noch einen rosa Kern aufweisen – und mit Sauce übergießen.
Wenn Sie glasierte Leber auf gebratenen Apfelscheiben servieren, spricht man von „BERLINER LEBER".

GERÖSTETE LEBER

3–4 EL Butterschmalz • 100 g dünne Zwiebelscheiben • 600 g dünnblättrig (1 bis max. 2 mm) geschnittene Kalbs- oder Schweinsleber • 1 TL Mehl • Salz • Pfeffer • getrockneter Majoran • ⅛ l Knochensuppe

Zwiebelscheiben in heißem Butterschmalz lichtbraun rösten, Leberscheibchen dazugeben und auf starker Hitze noch ca. 3 Minuten weiterrösten, zuletzt noch kurz Majoran und Mehl mitrösten, mehrmals kräftig umrühren und mit etwas Suppe aufgießen. Leber darin noch einmal ca. 3 Minuten ziehen lassen. Erst knapp vor dem Anrichten salzen und pfeffern.
Reis ist die klassische Wiener Beilage, Erdäpfel/Kartoffeln in jeder Form harmonieren aber ebenfalls.
Wenn Sie die „Geröstete Leber" vor dem Aufgießen mit 1 TL Essig ablöschen, spricht man von „SAURER LEBER" (in diesem Fall kann man auch einige kleine Apfelstücke mitrösten).

TIROLER LEBER

600 g in ca. 5 mm dicke Scheiben geschnittene Kalbsleber • Salz • Pfeffer • Mehl • 4 EL Schmalz/Schweinefett • 4 EL Butter • 1 TL klein-gehackte Kapern • feingeschnittene Schale einer Viertel Zitrone (un-behandelt) • 1 TL Mehl • ⅛ l Suppe

Gesalzene und gepfefferte Leberscheiben leicht bemehlen und in heißem Schmalz/Schweinefett beidseitig scharf braten (je Seite ca. 1 Minute). Lebern aus der Pfanne nehmen und warm halten.

Schmalz abgießen und durch Butter ersetzen, diese aufschäumen lassen, Kapern und Zitronenschalen darin kräftig durchschwitzen, anschließend wird mit Mehl gestaubt, kräftig gerührt und mit Suppe aufgegossen. Sauce tüchtig verkochen lassen. Wenn sie einzudicken beginnt, Hitze drastisch reduzieren, Leberscheiben einlegen und noch einige Minuten (je nach gewünschtem Garungsgrad) ziehen lassen. Beilage: Salzerdäpfel/Pellkartoffeln.

LEBERSCHNITZEL/GEBACKENE LEBER

600 g in 1 cm dicke Scheiben geschnittene Kalbsleber • Salz • Pfeffer • Mehl • 2 versprudelte Eier • Semmelbrösel/Paniermehl • ca. 30 cl Öl oder Schmalz/Schweinefett

Leberscheiben in Mehl wenden, durch die versprudelten, gesalzenen und gepfefferten Eier ziehen, in Bröseln wälzen und im nicht allzu-sehr erhitzten Fett beidseitig goldbraun backen (ca. 5 Minuten). Fer-tige Schnitzel auf Küchenkrepp abtropfen lassen, dann gemeinsam mit Petersilienerdäpfeln/-kartoffeln und Zitronenspalten (unbehan-delt) servieren.

LEBERKNÖDEL/-KLÖSSE ALS
EINLAGE FÜR RINDSUPPE

3 (entrindete) Semmeln/Brötchen • ca. ¼ l Milch (Wasser) • 40 g Schmalz/Schweinefett • 1 kleine feingeschnittene Zwiebel • viel Petersiliengrün • 300 g grobgeschnittene Rindsleber • 80 g gewürfeltes Nierenfett • Salz • Pfeffer • Majoran • maximal 1 feinzerdrückte Knoblauchzehe • etwas unbehandelte Zitronenschale • 2 Eier • ca. 50 g Semmelbrösel/Paniermehl

Semmeln/Brötchen in Milch (Wasser) einweichen. Zwiebel und Petersilie in Fett anschwitzen.

Gänzlich erweichte Semmeln gut ausdrücken und gemeinsam mit der Leber, dem Nierenfett, Zwiebel und Petersilie feinst faschieren. Eier untermengen und mit den angegebenen Gewürzen abschmecken. Zuletzt Brösel untermischen – die Masse muß saftig, aber formstabil sein. Ca. ½ Std. an einem kühlen Ort rasten lassen. Dann kleine Knödel/Klöße (Durchmesser ca. 4 cm) formen und in leicht siedendem Salzwasser ca. 10–12 Minuten langsam garen.

Hinweis:
Klassischerweise müßten anstelle von 300 g Leber 250 g Leber und 50 g Milz genommen werden (die gesamte Verarbeitung bleibt gleich). Dies ist zur Zeit, wie im Kapitel „Milz" (S. 57) ausgeführt, jedoch nicht möglich.

Man kann die Knödelchen auch in etwas Mehl wälzen und schwimmend in heißem Schmalz/Schweinefett backen („GEBACKENE LEBERKNÖDEL").

Kleinere Knödel (Durchmesser ca. 2 cm) nennt man „LEBERNOKKERLN" – diese nur ca. 8 Minuten ziehen lassen.

> **Tip:**
> In allen Fällen zuerst einen „Probeknödel" garen. Sollte dieser zerfallen, weitere Semmelbrösel untermengen und noch einmal rasten lassen.

Hält man die Leberknödelmasse sehr weich – nimmt man also wesentlich weniger Brösel – und drückt sie durch die grobe Seite eines Reibeisens (auch Spätzlesieb ist möglich) in die kochende Suppe, dann spricht man von „LEBERREIS".

LEBERSCHNITTEN

Variante I (neuzeitlich):

Butter • Butterschmalz • 1 kleine feingeschnittene Zwiebel • 100 g feinfaschierte Rindsleber • 2 verschlagene Eier • feingewiegtes Petersiliengrün • Salz • Pfeffer • getrockneter Majoran • 1 Hauch Knoblauch • dünne (ca. 5 mm) Weißbrotschnitten

Zwiebel in Butter goldgelb rösten, dann Leber dazugeben, weiterrösten, zuletzt kurz Majoran und Knoblauch mitrösten. Pfanne von der Platte ziehen, einige Male kräftig durchrühren, Eier und Petersilie genau untermengen, würzen, anschließend etwas anziehen lassen (zugedeckt). Überkühlte Masse auf Weißbrotscheiben streichen, diese dann in heißem Butterschmalz schwimmend herausbacken (bestrichene Seite zuerst, pro Seite knapp 1 Minute).
Die Schnitten können auch im Backrohr auf gebuttertem Blech gebacken werden – leere Seite nach unten.
Eine Erweiterung, wenn nicht sogar Vervollkommnung dieser Leberschnitten stellen die „LEBERPOFESEN" dar – siehe unter „HIRNPOFESEN" (S. 20).

Variante II (althergebracht):

Ca. 100 g Butter flaumig rühren, 2 ganze Eier und 1 Dotter/Eigelb, dann ca. 200 g geschabte Leber, Salz sowie 1 TL kleingewiegte Petersilie, Pfeffer und geriebene Muskatnuß einrühren, zuletzt mit ca. 150 g mit einigen Tropfen Milch benetzte Semmelbrösel/Paniermehl zu einem Teig vermengen. Masse fingerdick ausrollen und im Backrohr (wie zuvor) backen – eine gelungene Einlage für eine kräftige Bouillon.

„LEBERSCHÖBERL" werden wie „MARKSCHÖBERL" (S. 26) zubereitet.

LEBERPÜREESUPPE

Butterschmalz • 1 kleine Zwiebel • ca. 50 g Wurzelwerk • 250 g Kalbs- oder Rindsleber (alles feinblättrig geschnitten) • getrockneter Majoran • 1 EL Mehl • grobgemahlener Schwarzer Pfeffer • 1 ½ l Knochensuppe (S. 23) • 1 Lorbeerblatt • Salz • 1 Spritzer Essig • ⅛ l Schlagobers/ -sahne • 2 Dotter/Eigelb • (Paradeis-/Tomatenmark • Rotwein)

Zwiebel (und Wurzeln) in heißem Schmalz hell rösten, dann Leber und Majoran dazugeben, noch 2 Minuten rösten, zuletzt mit Mehl stauben, einige Male kräftig durchrühren, pfeffern, mit Suppe aufgießen, ca. 20 Minuten mit Lorbeerblatt kochen lassen. Anschließend passieren (zuvor mit Stabmixer grob zerhacken), erst jetzt salzen und mit Essig abschmecken (und gegebenenfalls mit Paradeismark und/oder Rotwein aromatisieren bzw. färben).
Schlagobers/-sahne steif schlagen, zuletzt Dotter/Eigelb untermischen, Suppe damit binden (diese darf dabei nicht mehr kochen).
Klassische Beilagen: Croûtons, Backerbsen, Brandteigkrapferln.

BROTSUPPE MIT LEBER

Schmalz/Schweinefett • 1 altbackene, entrindete Scheibe Schwarz-brot • 1 altbackene Semmel/Brötchen • 1 kleine Zwiebel • ca. 50 g Wurzelwerk • 200 g Rindsleber (alles feinblättrig geschnitten) • getrockneter Majoran • Anis- und Kreuzkümmelsamen im Ganzen • 1 EL Mehl • 1 EL Butter • 1 l Knochensuppe (S. 23) • Salz • grobge-mahlener Schwarzer Pfeffer

Schwarzbrotscheibe, Semmel, Zwiebel, Wurzeln und Leber im Schmalz/Schweinefett kräftig rösten, mit Suppe aufgießen und in ca. 40 Minuten mit dem Majoran, Anis- und Kreuzkümmelsamen gänz-lich verkochen lassen. Suppe durch ein Sieb seihen, „feste" Bestand-teile grob faschieren, Suppe getrennt vom Faschierten warm halten und alles beiseite stellen. Mehl in Butter in ca. 5 Minuten hellbraun rösten (mittlere Temperatur), mit heißer Suppe nach und nach auf-gießen, dabei klumpenfrei verrühren, zuletzt das Faschierte dazuge-ben, aufkochen, Würzung kontrollieren und noch ca. 10 Minuten kö-cheln lassen. Mit Petersiliengrün/Schnittlauch bestreut, servieren.
Diese rustikale Variante der Leberpüreesuppe, die auch mit Schlag-obers/-sahne und Dotter/Eigelb anstelle einer Einmach/Mehlschwitze gebunden werden kann, übertrifft meiner bescheidenen Meinung nach die erstgenannte bei weitem. Wird sie sehr dick serviert, erüb-rigt sich eine Beilage; bei etwas flüssigerem Zustand können Weiß-oder Schwarzbrotscheiben gereicht werden.

GRÜNE BANDNUDELN IN HÜHNERLEBERSAUCE

Ca. 50 g kleingewürfelter Frühstücksspeck • Gänsefett • ca. 200 g Geflügelinnereien (Leber, Herz, kein Magen) und gebratene oder gekochte Geflügelfleischreste (ohne Knochen) • 1 kleingewürfelte Karotte/Mohrrübe • 1 kleingewürfelte Zwiebel • 1 Knoblauchzehe • Gewürznelken • 1 Lorbeerblatt • Salz • Pfeffer • ¼ l Weißwein • 1 EL Paradeis-/Tomatenmark • Olivenöl • 100 g halbierte Champignons (größere Stücke vierteln) • ca. 50 g kleingewürfelter und gekochter Schinken • 1–2 geschälte, grobgewürfelte Paradeiser/Tomaten • 300 g halbierte (größere Stücke vierteln) Hühnerlebern • 2 EL Butter • ca. 400 g grüne Bandnudeln (Fertigware)

Speck in Gänsefett auslassen, Geflügelinnereien (und Fleischreste) in diesem Gemisch allseitig kräftig anbraten, danach Karotten/ Mohrrüben- und Zwiebelwürfel mitbraten, zuletzt Knoblauchzehe hineinpressen, Gewürznelken und Lorbeerblatt dazugeben, salzen, pfeffern, mit Weißwein aufgießen, Paradeis-/Tomatenmark einrühren und ca. ½ Std. zugedeckt köcheln lassen (nötigenfalls Wein nachgießen). Danach Sauce passieren und warm stellen.
Pilze in Olivenöl in gesäuberter Pfanne 2–3 Minuten rasant braten, dann Schinkenwürfel dazugeben und noch ca. 1 Minute weiterbraten. Dann mit vorbereiteter Sauce aufgießen und noch ca. 5 Minuten simmern lassen. Kurz vor dem Servieren die Paradeiser/Tomaten unterheben, nur erwärmen – Würzung kontrollieren.
Hühnerlebern in Butter in 4–5 Minuten rasch anbraten (sollten innen noch rosa sein), zuletzt salzen und pfeffern und gemeinsam mit der Sauce über die inzwischen al dente gekochten Bandnudeln geben. Mit Parmesan bestreuen – eigenwillig, aber traumhaft!

TSCHECHISCHE OFENLEBER

¹/₁₆ l herber Weißwein • 2 sehr reife, sehr saftige, kleinwürfelig geschnittene Paradeiser/Tomaten (nicht ein Tropfen des Saftes sollte verlorengehen!) • 3–4 EL Zucker • grobgeschroteter Schwarzer Pfeffer • 1 TL getrockneter Estragon • etwas Öl • 500 g Kalbsleber im Ganzen • 100 g in dünne Streifen/Stifte geschnittener grüner/roher Speck • Schmalz/Schweinefett • 1 unbehandelte, in feine Scheiben geschnittene Zitrone (Kerne entfernen, vorher Schale mit warmem Wasser waschen) • 100 g geraspelter Hartkäse (Emmentaler, Gouda) • grobgewiegtes Petersiliengrün • 1 TL Stärkemehl • ⅛ l Schlagobers/ -sahne

Weißwein, Paradeiser/Tomaten, Zucker, Pfeffer und Estragon gut mit soviel Öl vermischen, daß eine sehr zähflüssige Marinade/Sauce entsteht. Die Leber in diese einlegen und mehrere Stunden im Kühlschrank zugedeckt marinieren.
Leber herausnehmen, dicht mit Speckstreifen spicken und in heißem Schmalz rundherum stark bräunen, zuletzt noch einige Minuten die Marinade mitrösten. Leber in eine knapp größere Pfanne legen, mit Zitronenscheiben belegen und Petersiliengrün bestreuen. Mit abgeschmeckter (gesalzener!) Marinade/Sauce überkuppeln und zur Gänze mit Käse bestreuen. Im vorgeheizten Backrohr ca. 30 Minuten bei 160° C überbacken (bis Käse krustet). Leber aus der Pfanne heben, durch- und mit der Marinade/Sauce (mittlerweile Kruste) in Scheiben schneiden, warm halten. Bratensatz mit etwas Stärkemehl stauben und mit Schlagobers/-sahne aufgießen, in ca. 1 Minute zu molliger Konsistenz reduzieren (dabei kräftig mit dem Schneebesen rühren). Leberscheiben auf vorgewärmter Platte anrichten, mit Bratensaft beträufeln (Rest extra reichen). Gemeinsam mit Mehlnockerln/ -nocken oder Erdäpfel-/Kartoffelpüree servieren.

FLORENTINER LEBER

200 g Blattspinat • 4 Leberfilets à ca. 100 g • Salz • Pfeffer • Mehl • Butter • ca. 50 g kleinwürfelig geschnittener Selch-/Räucherspeck • evtl. 2 feinblättrig geschnittene Champignonköpfe • 1 Ei • 1 EL grobgeraspelter Hartkäse • 2 EL Milch

Spinatblätter in Butter mit Salz und Pfeffer weich dünsten.
Leberfilets salzen, pfeffern, in Mehl wenden (überschüssiges Mehl gut abschütteln) und in gebräunter Butter beidseitig gemeinsam mit den Speckwürfeln (und Pilzen) scharf anbraten.
Den Boden einer Auflaufform mit Spinat bedecken, Leberfilets und Speckwürfel (sowie Pilze) darübergeben. Ei gut versprudeln, mit Milch und Käse mischen, etwas salzen und über die Leber gießen. Im sehr heißen Backrohr (wenn möglich nur Oberhitze!) ca. 10 Minuten überbacken.
Entweder mit Reis oder Salzerdäpfeln/-kartoffeln servieren.

ESTERHÁZY-LEBER

Ca. 200 g feinnudelig geschnittene Wurzeln (Karotte/Mohrrübe, Petersilie, Knollensellerie, evtl. Erdäpfel/Kartoffeln) • Butter • ½ TL Mehl • ⅛ l Flüssigkeit (Schlagobers/-sahne und/oder Suppe) • 4 etwas dickere Leberfilets (à ca. 150 g) • Salz • Pfeffer • Zitronensaft

Wurzelwerk in Butter andünsten, salzen, sanft mit Mehl stauben und knapp 1 Minute rösten, dann sofort mit Schlagobers (und/oder Suppe) aufgießen, noch ca. 5 Minuten zugedeckt köcheln lassen.
Leber salzen, pfeffern und mit Zitronensaft beträufeln, beidseitig in heißer Butter braten (jeweils ca. 1½ bis 2 Minuten). Dann in die Sauce (diese sollte zu diesem Zeitpunkt schon ziemlich dick sein) einlegen, einmal aufwallen lassen und, mit Petersiliengrün bestreut, sofort servieren.

FRÜCHTELEBER

Ca. 150 g getrocknete Früchte (Marillen/Aprikosen, Dörrpflaumen, Feigen, Bananenscheiben, Apfelringe usw.) • ¼ l Rotwein • 1 (größeres) Glas schottischer Whisky • 500 g in Scheiben geschnittene Truthahnleber • 1 EL Mehl • kleinwürfelig geschnittener grüner/roher Speck • Butterschmalz (im Original Nierenfett) • Salz • evtl. Pfeffer

Trockenfrüchte 5–6 Stunden in Wein und Whisky einlegen (sie sollten nicht ganz weich werden, sondern noch [sehr] kräftigen Biß haben). Leber salzen und pfeffern, leicht bemehlen. Speck in heißem Butterschmalz kroß rösten, sofort die Leberscheiben einlegen und beidseitig scharf anbraten, bis sie halb durch sind, mit den Speckwürfeln warm stellen. Im selben Fett die abgetropften Früchte scharf anbraten, mit ca. ⅛ l der Rotwein-Whisky-Beize aufgießen, einmal kurz aufwallen lassen, Hitzezufuhr drastisch reduzieren und die Früchte ca. 10 Minuten mehr ziehen als sieden lassen, die letzten ca. 2 oder 3 Minuten (je nach gewünschtem Garungsgrad) die Leberscheiben einlegen und fertig garen.
Beilage: Mehlnockerln/-nocken, blinde Germknödelchen (kleine Hefeteigklöße ohne Inhalt).

Hinweise:
Dieses schottische Gericht erfährt durch die Verwendung von Rumtopf-Früchten eine Mitteleuropäisierung, die auch Ihren Gästen Freudentränen in die Augen treiben wird!
Apropos Rumtopf: Man kann die Leber abschließend natürlich auch flambieren!

CAMERANI-SUPPE

*100 g in dünnere Scheiben geschnittene Sellerieknolle • 100 g klein-
geschnittenes Gemüse Ihrer Wahl • Butter • 250 g kleingehackte Hühnerleber • 200 g Makkaroni • Salz • (Pfeffer) • ca. 50–100 g junger,
grob geraspelter Parmesan (oder sonstiger Hartkäse) • 1–2 EL kleingewiegte frische grüne Kräuter der Saison • ca. 1 bis 1 ½ l Knochensuppe (S. 23)*

Gemüse in Butter knackig dünsten. Hühnerleber in Butter anbraten.
Makkaroni in Salzwasser halb durch sieden und anschließend die
Kräuter untermengen (evtl. pfeffern). Makkaroni in Suppenterrine legen, darüber die Hühnerleber, dann das Gemüse geben, mit Käse ab-
schließen. Terrine mit Suppe auffüllen und noch für eine halbe Stunde
im Backrohr bei knapp 100° C garen.
Wir verdanken dieses Hauptgericht Hrn. Bartolomeo-Andrea Came-
rani, Präfekt der Comedie Française. Er beliebte, es als Abschluß
seines Tagwerkes zu sich zu nehmen.

„LEBER-PARADEISER-/TOMATEN-SUPPE" siehe unter „PARA-
DEISER-/TOMATEN-SUPPE MIT NIEREN" (S. 60).

GEBRATENE GÄNSELEBER

*2 Lebern von Mastgänsen (nicht zu verwechseln mit Stopfgänse-
lebern!) im Ganzen à ca. 300–400 g • Milch • Salz • 2 EL Gänseschmalz*

Lebern einige Stunden lang gemeinsam mit dem Gänseschmalz in
gesalzener Milch zugedeckt marinieren; sie müssen zur Gänze bedeckt sein. Danach im Backrohr bei ca. 200° C (vorgeheizt!) zugedeckt so lange dünsten, bis die gesamte Flüssigkeit von den Lebern
aufgenommen wurde (knapp 30 Minuten). Nun Deckel wegnehmen,

Temperatur auf Maximum stellen und die Lebern in 3–4 Minuten fertig braten, dabei einmal wenden und evtl. mit weiterem Gänseschmalz beträufeln (denken Sie dabei an die Möglichkeit von Oberhitze!).

Lebern in dickere Scheiben schneiden, auf Servierplatte anordnen und mit dem heißen Fett übergießen. Entweder sofort servieren oder im Kühlschrank zugedeckt (!) erkalten lassen – in beiden Fällen ein Gedicht von Entrée!

Ich rate daher von jedwedem Firlefanz – Spicken mit Trüffeln oder Mandeln, in Madeirasauce servieren, Gänselebersoufflé usw. – entschieden ab. Dieser unvergleichliche Geschmack spricht für sich und benötigt lediglich eine Weißbrotscheibe und vielleicht noch einige Salatblätter als Gesellschafter.

„GEBRATENE ENTENLEBER" wird wie „GEBRATENE GÄNSE-LEBER" zubereitet.

KANINCHENLEBER MIT ROSEN

400 g Kaninchenleber im Ganzen (größere Lebern halbieren) • 1 EL Butter • 3–4 Tropfen Essig • 2 EL Wasser • Salz • Pfeffer • 1 große Handvoll duftender Rosenblütenblätter (alle Sorten sind eßbar – achten Sie jedoch darauf, daß die Blüten nicht mit Fungi-, Insekti- und/oder Pestiziden behandelt wurden!)

Kaninchenleber in Butter rasant allseitig anbraten (ca. 1 Minute), mit Essig abspritzen und sofort mit Wasser aufgießen, salzen, pfeffern, ein-, zweimal umrühren – fertig! Leber auf nicht nur vorgewärmter, sondern heißer Platte servieren, erst im letzten Moment mit den Rosenblütenblättern bedecken.

Zugegeben, ein gewöhnungsbedürftiges Gericht. Doch glauben Sie mir: einmal genossen, niemals vergessen!

Die angegebene Menge bezieht sich auf eine Vorspeise. Wollen Sie die Kaninchenleber als Hauptspeise servieren, nehmen Sie ca. 600 g

Leber und braten noch ca. 150 g entkernte, halbierte Marillen/Aprikosen mit – ein Traum!

„GESPICKTE REHLEBER" (S. 78)

LUNGE

Ich gehe bei den Rezepten von küchenfertiger, d.h. von gesäuberter und von Luftröhre befreiter Lunge aus. Verwendet werden können Kalbs-, Rinds- und Schafslunge. Zum Kochen sollten Sie einen sehr großen Topf nehmen, der Schaum kann rasch enorme Ausmaße annehmen – zerschlagen Sie ihn mit einem Kochlöffel!

BEUSCHEL

In Österreich wird die Lunge eines Säugetieres als Beuschel (Beischl) bezeichnet. Das hier vorzustellende berühmteste daraus hergestellte Gericht besteht aber mitnichten nur aus der Lunge, zumindest das Herz (desselben Tieres) ist ebenfalls Bestandteil dieser köstlichen Speise, manches Mal auch noch die Liachteln/Lichteln (Aorta, Herzpfeifen) und die Milz (siehe aber dort). Wer jetzt glauben möchte, der Übergang zum „BRUCKFLEISCH" (S. 70) sei ein fließender, befindet sich im Irrtum. „Bruckfleisch" wird seit Jahrhunderten durchwegs ohne Lunge hergestellt – nur im „Beuschel" taucht ein „Beuschel" auf!

Ca. 500 g Lunge im Ganzen • ca. 300 g Herz im Ganzen • 1 halbierte Zwiebel • 200 g grobgeteiltes Wurzelwerk (Karotte/Mohrrübe, Knollensellerie, Petersilie) • 1–2 Lorbeerblätter • 1 EL Pfefferkörner • 1 Thymianstengel • evtl. 1 Gewürznelke • Salz • Wasser

Für die Sauce:
3 EL Schmalz/Schweinefett • 2 EL Mehl • evtl. 1 Prise Kristall-/Grießzucker • 1 kleine, feinstgehackte Zwiebel • 1–2 kleine, feinstgehackte Essiggurkerln/Essiggurken oder 1 Salzgurke • 1 TL feinstgehackte Kapern • 1 feinstgehacktes Sardellenfilet (oder ca. 1 cm Sardellenpaste) • Schale einer Viertel Zitrone (unbehandelt) • evtl. 1 gepreßte Knoblauchzehe • ½ TL Essig • 1 TL Senf/Mostrich • Salz • Pfeffer • Majoran • evtl. Zitronensaft • grobgehacktes Petersiliengrün

Lunge mehrmals rundherum tief einstechen und gemeinsam mit Herz, Zwiebelhälften, Wurzelwerk und den Gewürzen in kaltem Salzwasser zustellen, aufkochen und anschließend nur mehr leicht wallen lassen. Nach ca. 20 Minuten die Lunge wenden. Sie ist nach ca. 40 Minuten durch – herausnehmen, erkalten lassen. Das Herz benötigt noch ca. 20 Minuten bis zum Garwerden, dieses dann ebenfalls auskühlen lassen. Erkaltete Lunge und Herz feinnudelig (Länge 3–4 cm) schneiden (ausgelaugtes Gemüse anderweitig verwenden oder weggeben), beiseite stellen. Kochsud stark reduzierend kochen.

Mehl in nicht zu heißem Schmalz/Schweinefett in ca. 5 Minuten nicht allzu mittelbraun rösten, dann Zwiebel, Gurkerln, Kapern, Sardelle, Zucker, Zitronenschale, (Knoblauch) noch kurz mitrösten, mit Essig ablöschen, einmal umrühren und sofort mit ca. $\frac{1}{2}$ l Kochsud aufgießen. In ca. 30 Minuten zu einer sämig-molligen Sauce verkochen (nötigenfalls heißen Sud löffelweise nachgießen). Nudelig geschnittene Lunge und Herz einlegen, einmal aufwallen lassen, mit Salz, Pfeffer, Majoran und Senf/Mostrich (Zitronensaft) würzen, alles gemeinsam noch ca. 15–20 Minuten ziehen lassen. Das fertige Gericht sollte – volumenmäßig betrachtet – zu ca. 70 % aus Lunge und Herz bestehen, die restlichen 30 % ergibt die relativ dick eingekochte Sauce.

Beuschel wird mit einem Semmelknödel/Brotknödel gereicht und mit etwas Petersiliengrün garniert.

Gießt man mit soviel Kochsud auf, daß ein eher suppiges Gericht entsteht, spricht man von „BEUSCHELSUPPE" – in diesem Fall ohne Beilage als Vorspeise reichen.

Man kann die fertige Sauce – bevor man Lunge und Herz einlegt – noch mit Schlagobers/-sahne (oder Sauerrahm) verfeinern – „(WIENER) SALONBEUSCHEL". Wer's gern etwas feiner hat, sagt allerdings „SALONBEUSCHERL".

Aromatisiert man die Sauce mit Weißwein (Einbrenn/dunkle Mehlschwitze mit Kochsud und Wein im Verhältnis 1:1 aufgießen), spricht man von einem „WEINBEUSCHEL".

Eine geschmackliche Raffinesse allererster Güte stellt das Beträufeln der Beuscheloberfläche mit (passiertem) Gulaschsaft dar (bei Weinbeuschel allerdings nicht).

Wenn Sie anstelle von Majoran Basilikum nehmen, Thymian durch Rosmarin ersetzen (in beiden Fällen die Dosis deutlich erhöhen) und noch zusätzlich einige Salbeiblätter mitköcheln, können Sie dem Beuschel auch Tagliatelle (bzw. Bandnudeln) beigeben. Dieses Gericht stammt aus der Toskana und wird „CELZATTO" genannt.

LUNGENSTRUDEL

400 g Kalbs- oder Lammlunge • eine kleine halbe Zwiebel im Ganzen • Pfefferkörner • Salzwasser • Schmalz/Schweinefett • 1 feingehackte Zwiebel • Pfeffer • Salz • Majoran • Petersiliengrün • 1 Ei

Für den Strudelteig:
150 g Weizenmehl, glatt • 1 Prise Salz • 1 EL Öl/Butter/Schmalz/ Schweinefett oder 1 Ei • etwas handwarmes Wasser

Lunge in Salzwasser mit Pfefferkörnern und der Zwiebel weich kochen, überkühlen lassen, fein hacken (faschieren).

Zwiebel in Schmalz licht rösten, gehackte Lunge dazugeben, einige Minuten weiterrösten, dann würzen, noch eine Minute rösten. Pfanne vom Herd nehmen, Ei einrühren, Masse erkalten lassen.

Währenddessen aus Mehl, Salz, Öl oder Ei (soll der Strudel gekocht werden, das Ei, soll er gebacken werden, das Öl einkneten) und etwas Wasser eine seidige Teigkugel kneten, zwei- oder dreimal fest auf die Küchenplatte aufschlagen (ich weiß nicht, was bei diesem Arbeitsschritt physikalisch vor sich geht, aber ich verspreche Ihnen, der Teig wird besser!). Teigkugel mit Öl bestreichen und 30 Minuten bei Zimmertemperatur rasten lassen. Dann auf einem großen bemehlten Tuch auswalken/-rollen, mit zerlassener Butter (oder Öl) bestreichen und mit den Handrücken hauchdünn (Papierstärke) ausziehen. Das Ausziehen sollte gleichmäßig und zügig erfolgen, am besten bewegt man sich dabei im Kreis um den Teig herum und zieht ihn dabei immer größer.

Ca. $^2/_3$ des gezogenen Teiges mit Lungenmasse bestreichen, vom belegten Ende her durch gleichmäßiges Heben des Tuches locker einrollen, die beiden Enden fest zusammendrücken (Strudel evtl. flachdrücken) nun – **entweder** auf befettetem und bemehltem Blech im Rohr bei ca. 200° C in knapp 15 Minuten goldgelb backen (Oberfläche dabei mit etwas Fett bestreichen) **oder** gerollten Strudel in Abständen von ca. 5 cm mit dem Daumen quer zur Längsrichtung fest eindrücken (ca. 1 cm breit), dann mit Messer durchschneiden, Enden wieder fest zusammendrücken und die Strudelstücke in siedendem Salzwasser ebenfalls in ca. 15 Minuten garziehen lassen (in diesem Fall sollte die Strudelrolle nicht zu dick sein) **oder** man bindet den Strudel fest in eine gut gefettete Stoffserviette (Geschirrtuch) ein und kocht ihn ebenfalls ca. 15 Minuten im Salzwasser.

Der fertige Lungenstrudel wird in dünne (3 mm) Scheiben geschnitten und separat zur Rindsuppe gereicht.

Im Ganzen kann der Lungenstrudel 3–4 Tage im Kühlschrank aufbewahrt werden. In diesem Fall den Strudel ca. 1–2 Stunden vor Gebrauch auf Zimmertemperatur erwärmen (nicht in heißer Flüssigkeit!), schneiden, servieren.

Die jeweilige Herstellung obliegt natürlich Ihnen; ich empfehle jedoch kompromißlos Variante 1. Erst die knusprige „Schale" des gebackenen Lungenstrudels gibt dieser außergewöhnlichen Suppeneinlage das gewisse Etwas.

BEUSCHEL-/LUNGENKROKETTEN

Ca. 600 g Lunge (Kalb, Lamm) • 3–4 versprudelte Eier (je nach Größe) • noch 1 versprudeltes Ei • Semmelbrösel/Paniermehl • viel Schmalz/Schweinefett

Bereiten Sie ein Beuschel (S. 51) ohne Herz. Die Lunge sollte jedoch nicht ganz gar sein (ca. 10 Minuten kürzer kochen), und die Sauce des fertigen Gerichtes sollte so dick wie nur irgend möglich sein. Fertiges „Beuschel" kurz überkühlen lassen, die Eier schnell unterrühren – Masse sollte nun gut formbar sein (nötigenfalls Brösel untermengen). Nun Masse ca. 2–3 cm dick ausgestrichen erkalten lassen. Danach in ebenso breite Stangen schneiden. Diese kürzen, zu Röllchen formen und durch das versprudelte Ei ziehen, in Bröseln/Paniermehl wenden und in heißem Schmalz/Schweinefett schwimmend goldbraun backen und mit grobgehacktem Petersiliengrün und Zitronenspalten (unbehandelt) servieren.
Dieses – früher als „Einschiebespeise" bezeichnete – Gericht kann mit sautierten (kurz angebratenen) Gemüsen als Zwischengericht eines mehrgängigen Menüs oder auf Blattsalaten als Vorspeise gereicht werden. Nur so am Rande bemerkt: Es harmoniert auch vorzüglich zu gebratenem Wild (z.B. Wildschweinbraten mit Linsen).

LUNGENRAGOUT NACH ART POLNISCHER MATROSEN

Ca. 700 g Kalbslunge • ca. 300 g in Streifen geschnittenes Wurzelwerk (Karotten/Möhren, Petersilienwurzel, Sellerie, Gelbe Rübe) • Schmalz/Schweinefett • 2 unbehandelte Zitronen • ⅛ l Sauerrahm • 1 TL Mehl • 1 EL Kapern • Salz • Pfeffer • Senf/Mostrich • getrockneter Thymian • Zitronensaft • Petersiliengrün

Lunge in Salzwasser halbweich kochen (wie unter „BEUSCHEL",
S. 51, beschrieben, jedoch ohne Wurzelwerk), auskühlen lassen, in
kleine Würfel schneiden (Kantenlänge ca. 5 mm), Sud beiseite stellen.

Gemüsestreifen in Schmalz/Schweinefett anbraten, Lungenwürfel
und Thymian dazugeben, noch ca. 1 Minute mitbraten, dann mit soviel Lungensud aufgießen, daß alles bedeckt ist. Würzen und zugedeckt schmoren lassen, hin und wieder vorsichtig umrühren, nötigenfalls Lungensud nachgießen.

Zitronen kurz überbrühen und in sehr feine Scheiben schneiden, dabei Schale soweit wie möglich wegschneiden und Kerne entfernen.
Wenn die Lunge fast durch ist, Zitronenscheiben und Kapern dazugeben, Rahm mit Mehl (und 1 EL Wasser/Lungensud) klumpenfrei
verrühren und zum Ragout geben, 2–3 Minuten kochen lassen. Würzung kontrollieren, mit Petersiliengrün bestreuen und mit Semmel-/
Brotknödeln oder einfach einer Scheibe Weißbrot servieren.

MILZ

Verwendet kann die Rindermilz werden. Sie ist zur Zeit jedoch dem Konsum per Verordnung entzogen (BSE). Da einige namhafte Gegner dieses Vorgehen nicht ganz einsichtig finden, wird die Milz mit höchster Wahrscheinlichkeit bald wieder in der Fleischerei angeboten werden können.
Gleichgültig, ob erwerbbar oder nicht – die Milz fand in der Küche wenig Interesse und wurde nur für Suppeneinlage genutzt.

„MILZSCHNITTEN", „MILZSCHÖBERL", „MILZPOFESEN" werden wie „LEBERSCHNITTEN" (S. 41), „MARKSCHÖBERL" (S. 26) und „HIRNPOFESEN" (S. 20) zubereitet.

NIERE

Ich bin ziemlich sicher, daß die diffuse Abneigung mancher Erwachsener gegen Innereien auf eine Kindheitserfahrung zurückzuführen ist: auf den – zugegebenermaßen – relativ strengen Geruch von bratenden Nieren. Dazu gesellen sich in weiterer Folge Reflexionen über die Aufgabe der Nieren im lebenden Organismus und das Nierentischchen (dessen Vorbild übrigens die Lammniere ist) als Sinnbild für die Elterngeneration, mit der man heftige Schlachten zu schlagen hatte. Daß einem dabei die Lust auf Nieren (und Innereien im allgemeinen) vergehen kann, nimmt nicht wunder.
Dabei wird jedoch einiges übersehen: Die Zeiten waren nicht die besten. Nicht jeder konnte sich Nieren junger Tiere (Schwein, Lamm, Kalb) leisten bzw. kam an diese rasch genug heran. Das Gros der Bevölkerung mußte mit Nieren älterer Tiere vorliebnehmen – und diese kann man tagelang in Milch marinieren, der typische Bratgeruch bleibt bestehen.
Heute sind die Zeiten besser, und es kommen praktisch nur mehr junge Tiere in den Schlachthof, deren Nierchen beim Braten in deut-

lich abgeschwächter Form riechen. Wem auch dieses noch zuviel sein sollte, lege die Nieren für einige Stunden in Wasser (oder Milch) ein; Flüssigkeit mehrmals wechseln.

In der anglophonen Welt haben Nieren (und Nierenfett) einen äußerst hohen Stellenwert und werden bereits zum Frühstück genossen – ich denke, daß einige Hundert Millionen Menschen nicht irren können. Seien Sie daher nicht zaghaft – probieren Sie's doch mal!

GEROLLTER KALBSNIERENBRATEN

Ca. 1.500 g „Sattel" vom Kalb (= ausgelöster/von Knochen befreiter Rücken), es schadet keineswegs, wenn noch etwas Fett daran haftet • 1 (oder 2) nur grob vom Fett befreite Kalbsniere(n) • 500 g grobgehackte Kalbsknochen • Salz • Weißer Pfeffer • Butter • ¼ TL Erdäpfel-/Kartoffelstärke • Kalbsknochensuppe/-brühe (oder nur Wasser)

Niere(n) der Länge nach halbieren oder (jeweils) in 4 bis 5 Teile schneiden. Kalbssattel mit Handballen flachdrücken, außen wie innen kräftig salzen (pfeffern), Innenseite mit der/den Niere(n) belegen, Fleisch straff einrollen und mit Spagat (Küchengarn) binden (die Enden sollten einander etwas überlappen). In der Regel übernimmt aber auch Ihr Fleischer diese Arbeiten.

Kalbsknochen im Bräter verteilen, gerollten Braten draufsetzen („schöne" Seite nach unten), evtl. mit Butterflöckchen belegen und bei sehr hoher Temperatur (ca. 220° C) kurz scharf anbraten. Danach den Braten mit etwas Suppe (Wasser) untergießen und die Temperatur langsam, nach und nach auf etwa 180° C drosseln. Während der gesamten Bratdauer (ca. 1½ Stunden) Braten immer wieder, vor allem in der Endphase, mit Bratensaft begießen. Um ein Schrumpfen desselben zu verhindern, frühzeitig genug heiße Flüssigkeit löffelweise nachfüllen. Nach etwa halber Bratdauer den Braten wenden. Der Braten ist durch, wenn der austretende Saft (mit Spicknadel einstechen) noch schwach rosa ist. Dann noch etwa 10 Minuten rasten

lassen und warm halten. Bratrückstand kräftig durchrösten, ein Stück Butter darin aufschäumen lassen, Stärke ganz kurz rösten und anschließend mit Suppe aufgießen, 5 Minuten gut durchkochen lassen, zuletzt den nicht zu dicken Saft seihen und den in Scheiben geschnittenen Nierenbraten damit umkränzen.
Beilage: Reis und in Butter gedünstetes Gemüse.

Man kann dieses kulinarische Wunderwerk auch im Ganzen braten. In diesem Fall bleiben die Knochen (Rippen, nur das Rückgrat wird entfernt) am Fleisch. Die gehackten Rückenmarkknochen (ohne Rückenmark!) dienen als Knochenbett (auch diese Arbeiten nimmt Ihnen Ihr Fleischer ab).
Die Niere wird dabei nicht vom Fettmantel befreit und extra mitgebraten. Der Bratvorgang läuft im wesentlichen genauso ab wie beim Gerollten Kalbsnierenbraten, er dauert aber länger (ca. 2 Stunden). Die Niere ist wesentlich früher durch; herausnehmen und warm halten (Garprobe: mit Gabel anstechen, tritt kein Widerstand auf, ist sie durch, austretender Saft sollte noch leicht rosa sein). Auch die Herstellung der Sauce bleibt wie zuvor beschrieben.
Man schneide den Braten in Tranchen und belege jede mit einer Nierenscheibe.

NIEREN MIT HIRN

1 mittelgroße kleingehackte Zwiebel • 3 EL Schmalz/Schweinefett • ca. 400 g in dünne Scheiben geschnittene Nieren • ca. 400 g grobgehacktes Hirn (Kalb, Schwein) • Salz • Pfeffer (und/oder Paprikapulver edelsüß) • Majoran

Zwiebel im Schmalz goldgelb rösten, Nieren dazugeben und fast weich rösten, erst dann Hirn beigeben, bei großer Hitze fertigrösten, erst zuletzt würzen. Sofort mit Salzerdäpfeln/Pellkartoffeln servieren.

> **Tip:**
> Diese „Leib'speis'" („Herzensgericht") der WienerInnen erfährt
> eine enorme geschmackliche Steigerung, wenn man anstelle von
> Schmalz/Schweinefett Bratenfett nimmt.

PARADEISER-/TOMATENSUPPE MIT NIEREN

*Ca. 500 g Lammnieren • ca. 100 g fertig gekochter Reis • 1 große klein-
würfelig geschnittene Zwiebel • Butterschmalz • ca. 200 g fleischige
Paradeiser/Tomaten • viel grobgewiegtes Petersiliengrün • knapp 1 l
Flüssigkeit (Wasser, Nierensud, Lammsuppe, Knochensuppe oder
Mix derselben) • 1 Dotter/Eigelb • Saft einer halben bis ganzen Zi-
trone • Pfefferminzblätter • Salz • Pfeffer*

Nieren in Salzwasser weich kochen (ca. 15 Minuten) oder in Butterschmalz braten, beiseite stellen.
Zwiebel in Butterschmalz hellgelb anschwitzen, gehäutete und kleingeschnittene Paradeiser/Tomaten dazugeben, noch einige Minuten
rösten, dann entweder mit Flüssigkeit aufgießen, gemeinsam mit
dem Reis so lange kochen, bis Paradeiser/Tomaten gänzlich ver-
kocht sind. Zitronensaft vorsichtig (tropfenweise) in Dotter/Eigelb
einschlagen. Dieses Gemisch wiederum in die Suppe einrühren –
dabei darf sie nicht mehr kochen. Nun Suppe mit Salz und Pfeffer
abschmecken, Nieren klein schneiden (Würfel, Scheiben, Stifte) und
in der Suppe noch ca. 10 Minuten ziehen lassen. Beim Servieren mit
Petersilie und Pfefferminze bestreuen.
Man gibt dieser türkischen Suppe, die gemeinsam mit gekochten
Erdäpfeln/Kartoffeln oder Fisolen/Grünen Schnittbohnen eine au-
ßergewöhnliche Hauptspeise darstellt, ein heimischeres Gepräge,
wenn man sie mit Sauerrahm-Mehl-Gemisch bindet (und die Pfefferminze wegläßt).

„NIERENPÜREESUPPE" wird wie „LEBERPÜREESUPPE" (S. 42) zubereitet. Nieren jedoch etwas länger kochen.

„GERÖSTETE NIEREN" (in Wien als „LEND-/LEMBRATEN" bezeichnet) und „SAURE NIEREN" werden wie „GERÖSTETE LEBER" (S. 38) und „SAURE LEBER" (S. 38) zubereitet.

„GEFLÜGELNIEREN" sind eine – leider selten erhältliche – Delikatesse ersten Ranges. Katharina v. Medici (1519–1589), die gemeinsam mit ihren Köchen als Begründerin der feinen französischen Küche gilt, war beispielsweise „...ganz gierig auf Geflügelnieren...". Geflügelnieren werden am besten kurz (20 Sekunden) in Gänseschmalz/-fett gebraten (wie „GERÖSTETE NIEREN"). Von der Variante „sauer" rate ich ab. In kleinen Ragouts (z.B. „HÜHNERMÄGENGULASCH", S. 35) bilden sie ein unvergleichliches geschmackliches Erlebnis.

KALBSNIEREN „BUKAREST"

2 in dicke Scheiben geschnittene Kalbsnieren • 1 grobgehackte Zwiebel mittlerer Größe • ca. 100 g halbierte Champignons (größere Stücke geviertelt) • 1 EL Butterschmalz • ⅛ l Sauerrahm • 1 mittlere, gekochte, kleinwürfelig geschnittene Rote Rübe/Beete • 1 in dünne Scheiben geschnittene Essig- oder Salzgurke • Salz • Pfeffer •Zitronensaft • Kren/Meerrettich

Nierenscheiben gemeinsam mit Zwiebel und Champignons in Butterschmalz kräftig braten. Fertige Nieren herausnehmen und warm halten. Rahm mit etwas Wasser mischen und zu der Zwiebel und den Champignons gießen. Gurkenscheiben und Rote Rübe/Beete dazugeben, 2 Minuten kochen lassen, würzen. Nierenscheiben dazugeben, einmal durchschwenken und mit Salzerdäpfeln/-kartoffeln servieren.

Der Kren/Meerrettich wird erst bei Tisch über das Ragout gerieben bzw. gerissen, üblicherweise eine großzügige Gabe. Als weitere (Sättigungs-)Beilage kann Weißbrot genommen werden.

ZUNGE

Gleichgültig, ob vom Kalb, Lamm, Hammel, Schwein oder Rind, gleichgültig, ob grün/roh, gesurt/gepökelt oder geräuchert – Zungen sind ein erlesener Genuß! Der Weg bis zum Eßtisch ist aber meist ein langer.

GEKOCHTE ZUNGE

Jede Zunge muß vor weiterer Verarbeitung zuerst entweder in schwach gesalzenem Wasser leicht wallend gekocht (gemeinsam mit 1 grob geschnittenen Karotte/Mohrrübe, einigen Pfefferkörnern, 1 kleinen, in Scheiben geschnittenen Zwiebel, nicht zuviel frischen oder getrockneten Kräutern, wenig Zitronensaft und etwas Weißwein) oder bei ca. 180° C im Backrohr geschmort (nur bei Kalbs-, Schweins- und Lammzungen zu empfehlen) werden. Rechnen Sie in beiden Fällen pro 500 g mit einer Garzeit von knapp 1 Stunde (im Fall des Schmorens die Zunge zuvor ca. 5–10 Minuten blanchieren). Die Zunge ist gar, wenn eine eingestochene Spicknadel auf keinerlei Widerstand stößt (wenn die Zunge also weich ist). Dann läßt man sie im Sud überkühlen, nimmt sie anschließend heraus, schneidet an der Zungenspitze die pelzige Haut ein und zieht diese ab, evtl. noch vorhandene Knochen oder Knorpel an der Zungenbasis werden weggeschnitten bzw. herausgedreht. Die Zunge kann nun gegessen werden, man schneide sie dazu schräg zur Längsrichtung in dünne Scheiben.
Eines noch zum Schluß: Wenn Sie zufälligerweise auf eine der seltenen Pferdefleischereien stoßen, fragen Sie nach Pferdezunge – Sie werden diesen einzigartigen Geschmack nie vergessen!

ZUNGENHÜTCHEN

1 erkaltete Rindszunge (wie zuvor beschrieben zubereitet) • ¼ l Schlag-
obers/-sahne, steif geschlagen • frisch gerissener Kren/Meerrettich
(Menge nach Belieben) • Gelee (Fertigprodukt)

Zunge in sehr dünne Scheiben schneiden, Kren/Meerrettich unter
Schlagobers/-sahne mengen. Zungenscheiben zu Stanitzeln/Tüten-
spitzen formen, mit Schlagobers-Kren-Gemisch füllen und mit Gelee überziehen. Erkalten lassen und zu trockenem Weißwein servieren.

STEIRISCHE KRENZUNGE

3–4 Schweinszungen (oder 1 Kalbszunge) wie in Einleitung be-
schrieben zubereitet und in ca. 1 cm dicke Scheiben geschnitten • 200
g würfelig geschnittene (Seitenlänge ca. 1 cm) Wurzeln (Karotte/
Mohrrübe, Knollensellerie, Petersilie, Gelbe Rübe) • ca. 200 g klei-
nere festkochende Erdäpfel/Kartoffeln • 1 Kren-/Meerrettichwurzel •
Salz

Zungenkochsud abseihen (auf ca. ½ l einkochen), salzen, Erdäpfel/
Kartoffeln einlegen, weich kochen, nach halber Kochzeit Gemüsewürfel mitkochen. Zungenscheiben erwärmen, in Suppenschüssel legen,
mit den Gemüsewürfeln bedecken, darüber kommen die Erdäpfel zu
liegen. Sud abschmecken und in die Suppenschüssel gießen – Erdäpfel sollten nur an der Unterseite benetzt werden. Alles mit gerisse-
nem Kren/Meerrettich überstreuen – sofort servieren!

ZUNGE MIT ERDÄPFEL-/KARTOFFELPÜREE

1 gesurte/gepökelte oder geselchte/geräucherte Kalbszunge (oder 3 solche vom Schwein), wie in Einleitung beschrieben zubereitet • 500 g mehlige Erdäpfel/Kartoffeln • ca. ⅛ l Milch • 1–2 EL Butter • Salz • geriebene Muskatnuß • Pfeffer • 1 geschabte Knoblauchzehe oder eine frische Kren-/Meerrettichwurzel

Geschälte Erdäpfel/Kartoffeln in Salzwasser weich kochen, danach stampfen und mit heißer Milch sowie Butter zu einem nicht zu festen Püree verrühren, mit Salz und Muskatnuß würzen (pfeffern, evtl. Knoblauch dazugeben). Noch warme Zunge in ca. 5 mm dicke Scheiben schneiden, gemeinsam mit dem Püree servieren. Kren/Meerrettich nur dann über die Zunge streuen, wenn sich im Püree kein Knoblauch befindet.
Vortrefflich mundet zu dieser Zunge auch Erbsenpüree!

GESPICKTE ZUNGE

1 grüne/rohe Kalbszunge (oder 2–3 Schweinszungen), zubereitet wie in Einleitung beschrieben und in knapp 1 cm dicke Scheiben geschnitten • einige der Länge nach halbierte Sardellenfilets • Mehl • Schweineschmalz/-fett • ca. ⅛ l Knochensuppe (S. 23) • ¹⁄₁₆ l Sauerrahm • (Senf/Mostrich)

Zungenscheiben mit jeweils einem halben Sardellenfilet spicken (oder, einfacher, seitlich eine tiefe Tasche einschneiden, Filet einklemmen). Gespickte Zungenscheiben in Mehl wälzen, abschütteln und in heißem Fett beidseitig anbraten, übriggebliebene (kleingehackte) Sardellen ebenfalls kurz mitbraten. Suppe mit Sauerrahm glatt verrühren, Zungenscheiben damit aufgießen und noch ca. 15 Minuten dünsten (evtl. mit Senf/Mostrich abschmecken). Mit Petersilienerdäpfeln/-kartoffeln servieren.

TIROLER ZUNGE

*1 grüne/rohe Kalbszunge (oder 2–3 Schweinszungen), zubereitet wie
in Einleitung beschrieben und in ca. knapp 1 cm dicke Scheiben
geschnitten • Mehl • Butter • feinstgeschnittene Schale einer halben
Zitrone (unbehandelt) • Kapern • ⅛ l Schlagobers/-sahne • max.
⅛ l Knochensuppe (S. 23) • Salz*

Zungenscheiben bemehlen und in Butter rasch beidseitig braten, Zitronenschale und Kapern dazugeben, ganz kurz braten, dann mit
Suppe und Schlagobers/-sahne aufgießen, einmal aufkochen lassen,
salzen und noch ca. 15 Minuten dünsten.
Klingt vielleicht merkwürdig, aber Tiroler Speckknödel/-klöße pas-
sen hervorragend dazu!

LIESLS LAMMZUNGE

*500 g Lammzungen (wie in der Einleitung beschrieben zubereitet,
bei wirklich sehr jungen Zungen kann das Häuten entfallen. Sehr
kleine Zungen im Ganzen verwenden, größere in Scheiben schneiden) • 1 mittelgroße, feingehackte Zwiebel • 1 EL Butterschmalz
• Kreuzkümmel-, (nicht zuviel) Koriandersamen, einige Gewürznelken, 2 cm Zimtstange – alles grob gestoßen • 1 gepreßte Knoblauchzehe • Saft einer halben Zitrone • 200 g kleingewürfelte
Paradeiser/Tomaten • Salz • ½ l Wasser (Knochensuppe) • Zuk-
ker*

Zwiebel in heißem Butterschmalz hellgelb rösten, zuletzt die gestoße-
nen Gewürze und den Knoblauch kurz mitrösten, mit Zitronensaft ablöschen, Paradeiserwürfel dazugeben, salzen und wieder rösten, bis die
gesamte Flüssigkeit fast entfleucht ist. Mit Wasser aufgießen, 20 Minuten köcheln lassen, passieren, wieder erwärmen. Mit etwas Zucker abschmecken, Zungen einlegen und noch 15 Minuten ziehen lassen.

Als Beilage empfehlen sich mit Kurkuma/Gelbwurz gefärbter Reis oder/und Kichererbsen.

> **Hinweis:**
> Liesls Lammzunge kann auch mit separat gekochten Lammherzen und gebratener Lammleber ergänzt werden – in jedem Fall eine Köstlichkeit!

SCHLACHTFEST

Im Zeitalter durchgehender Kühlketten können Innereiengerichte jederzeit zubereitet werden. Früher war dem nicht so, und in manchen Weltgegenden gehen die Uhren auch heute noch anders. Ohne Kühlmöglichkeiten mußten/müssen Innereien aufgrund der raschen Verderblichkeit so bald wie möglich nach Schlachtung verzehrt werden. Oft wurden/werden sie deshalb bereits während derselben zubereitet. Meist handelt es sich dabei um einen Innereien-Mix in Ragout- oder Suppenform. Falls Sie jetzt auf den Gedanken kommen sollten, daß diese weltweit eindeutige und allgemein bekannte Vorgabe keine Variationen zuläßt, dann kann ich nur eines sagen: „Folgen Sie mir auf eine kleine Reise durch die Schlachtfeste dieser Welt, und lassen Sie sich überraschen."

Warenkundliche und sonstige Hinweise ersehen Sie bitte aus den vorab behandelten Spezialkapiteln bzw. den nun folgenden Rezepten.

BRUCKFLEISCH

*2 EL Schmalz/Schweinefett • 1 größere feingeschnittene Zwiebel •
ca. 300–400 g Wurzelwerk (Karotte/Mohrrübe, Knollensellerie,
Gelbe Rübe, Petersilie usw.), kleinwürfelig geschnitten • 1–2 EL Essig • 1.000 g Bruckfleisch – klassisches Mengenverhältnis: 1,5 Teile
blättrig geschnittenes Herz, je 1 Teil blättrig geschnittene Leber,
kleinwürfelig geschnittenes Bries, (Milz), grobwürfelig geschnittenes Kronfleisch (Zwerchfellmuskulatur) und 0,5 Teile in Ringe geschnittene Liachteln/Lichteln (Aorta, Herzpfeifen) • 1–2 gepreßte
Knoblauchzehen • Salz • Pfeffer • 1 größeres Lorbeerblatt • Majoran
• Thymian (Paprikapulver edelsüß) • ca. ⅛ l Wasser/Knochensuppe •
2 El Mehl • ca. ¼ l Flüssigkeit – frisches Rinder- oder Kalbsblut
(vermischt mit etwas Essig und Wasser) ist klassisch, es können aber
auch Wasser, Suppe und/oder Rotwein verwendet werden.*

Zwiebel in heißem Schmalz maximal hellbraun rösten, Wurzelwerk dazugeben und ca. 2 Minuten schwitzen lassen, dann mit Essig ablöschen.
Jetzt Herz, Liachteln/Lichteln und Kronfleisch dazugeben, einige EL
Wasser/Suppe untergießen, würzen und zugedeckt rund 1 Stunde dünsten lassen (Hitzezufuhr deutlich reduzieren), Flüssigkeit nur löffelweise nachgießen, Topf immer wieder rütteln, nicht umrühren.
Nach ca. 45 Minuten Leber (Milz) und Bries dazugeben, alles fertig
dünsten, den Saft dabei soweit wie möglich eingehen lassen.
Wenn gesamtes Bruckfleisch fast weich ist, mit Mehl stauben, genau
durchrühren und mit Flüssigkeit aufgießen (wenn Sie Blut verwenden, nur 1 EL Mehl nehmen). Einmal aufkochen, Hitzezufuhr wieder reduzieren und noch ca. ¼ Std. nicht zugedeckt mehr ziehen als
köcheln lassen (zwischendurch Würzung kontrollieren).
Das Endprodukt, welches gemeinsam mit Semmelknödeln oder Salz-
erdäpfeln/Pellkartoffeln gereicht wird, muß eine sämig-mollige Konsistenz aufweisen.
Der Name dieses uralten und originär ostösterreichischen (Wien,
Niederösterreich, Burgenland und angrenzende Teile der Steiermark)

Gerichtes entstand zu einer Zeit, als die Fleischer noch selber schlachteten bzw. – in größeren Städten – der Endverbraucher sein Fleisch direkt vom nächstgelegenen Schlachthof bezog. Der Ort der Schlachtung wurde dabei als „Schlachtbruck'n/Schlachtbrücke" bezeichnet. „Bruckfleisch" meint dabei gleichermaßen das fertige Gericht wie die noch rohen Fleischteile in ihrer Gesamtheit.

ÄTHIOPISCHES SCHLACHTFEST/DULLET

(Wenig) Butterschmalz • 2 mittelgroße, grobgewürfelte rote Zwiebeln • 2 gepreßte Knoblauchzehen • 1 TL Paprikapulver (sehr scharfes im Original) • je ¼ TL feingeriebene Ingwerwurzel, Zimt und Gewürznelken gemahlen • Basilikum (wenn möglich frisch) und, falls vorhanden, Weinraute (Ruta graveolens, erhältlich in Apotheke/Drogerie/Bioläden) • Salz • je eine großzügige Gabe von Schwarzem Pfeffer sowie gemahlenem Kardamom • ca. ⅛ l Flüssigkeit (Wasser, Knochensuppe, nicht zu herber Weißwein, sehr delikat ist auch ein 1:1-Gemisch von Rot- und Honigwein) • ca. 1.000 g grobgewiegte Innereien (Kutteln/Kaldaunen [vorgekocht!], Leber, Nieren, Hirn, Lunge; im Original stammen die Innereien von Schaf oder Ziege, Dullet schmeckt aber auch vom Kalb oder Schwein vorzüglich) • ca. 100 g feingewiegtes Muskelfleisch vom selben Tier • scharfe, grüne, in feine Ringe geschnittene Chilischoten (Menge nach Belieben, im Original sind es zumindest mehrere)

Zwiebeln in mäßig erhitztem Butterschmalz 10 Minuten schwitzen lassen, zuletzt Knoblauch für ca. 1 Minute beigeben, erst danach restliche Gewürze schnell unterrühren und sofort mit Flüssigkeit aufgießen, nicht zugedeckt ca. 15 Minuten köcheln lassen. Nötigenfalls Flüssigkeit nachgießen, das Gemenge darf nicht zu trocken werden. Nun das gewiegte Muskelfleisch dazugeben und ca. 15 Minuten schmoren lassen, erst danach die Innereien beigeben und noch ca. 10 Minuten kräftig durchrösten. Würzung gegebenenfalls korrigieren, grüne Chilis unterrühren und sofort servieren.

Wenn Sie dieses überaus delikate, aus Äthiopien stammende Gericht originalgetreu zubereiten – das heißt scharf, schärfer, am schärfsten –, verlangt es unbedingt zwei Beilagen: dickere Scheiben Weißbrot und (gekühlter) Cottage Cheese, verrührt mit blanchiertem Mangold (oder Spinat). Wer es nicht so scharf zubereitet, nehme anstelle dessen Bohnenpüree.

Sollte wider Erwarten diese Köstlichkeit nicht zur Gänze in den Mägen Ihrer erstaunten Gäste verschwinden, so empfiehlt es sich, den Rest am nächsten Morgen unter ein Omelett zu rühren – das nennt man „Onkulal na Dullet".

GRIECHISCHE OSTERSUPPE/MAYIRIZA

Butter • ca. 200 g in feinste Ringe geschnittene Frühlingszwiebeln (inkl. dem Grünen!) • eine gehörige Gabe feingehackte Dille (am besten natürlich frisch) • ca. 1.000 g nudelig geschnittene Lamminnereien (Leber, Herz, vorgekochte Lunge, vorgekochte Kutteln/Kaldaunen, Nieren, grüne/frische Zunge), Auswahl und Mischungsverhältnis grundsätzlich beliebig • ca. 1 l Flüssigkeit – Wasser, Knochensuppe. Wer es sehr fein liebt, bereite eine Suppe aus Lammkopf und -füßen (analog der Knochensuppe, S. 23), Fleischteile werden anschließend ebenfalls feinnudelig geschnitten und zur Mayiriza gegeben) • Salz • Pfeffer • 50 g Reis (Trockengewicht)

Für die Zitronensauce (Avgholemono):
1 EL Butter • 1 EL Mehl • Milch • 2 handwarme, frische (!) Eier • Saft von 1–2 Zitronen (nach Belieben)

Frühlingszwiebeln in Butter dünsten, bis sie weich sind, dann Dille, Pfeffer und Lamminnereien mit Ausnahme von Zunge und den vorgekochten Kutteln/Kaldaunen sowie der Lunge dazugeben, noch

2–3 Minuten weiter schmoren, dann mit Flüssigkeit aufgießen, einmal aufkochen lassen, Hitzezufuhr reduzieren und rund 15 Minuten leise simmern lassen. Dann den Reis dazugeben und weitere 20 Minuten mit dem Simmern fortfahren.

Währenddessen die Zitronensauce herstellen:

Mehl in nicht zu stark erhitzter Butter in ca. 5 Minuten licht rösten, anschließend mit heißer Milch aufgießen und glattrühren, knapp 5 Minuten köcheln, dann abkühlen lassen.

Eier mit Schneebesen gut verrühren, Zitronensaft durch kräftiges Schlagen langsam (tropfenweise!) einrühren. Eier-Zitronensaft-Gemenge in die nur mehr warme (unter keinen Umständen kochende!) Béchamel – wiederum langsam – einrühren. Warm halten.

Nun Zunge zur Suppe geben, einmal aufkochen lassen, Kutteln/Kaldaunen und Lunge ebenfalls dazugeben, Topf sofort vom Feuer ziehen, salzen, einmal umrühren, Avgholemono spiralförmig in die Suppe gießen und sofort servieren.

Traditionellerweise wird die von Weißbrot begleitete Mayiriza von orthodoxen Griechen am Karsamstag genossen. Mit von der Partie sind gefärbte Ostereier und Salat – ich empfehle „MIALA SALATA" (S. 21).

Das die Innereien umhüllende Muskelfleisch des Lammes gelangt in gegrilltem Zustand am Ostersonntag zu Ehren.

RÖMISCHES SCHLACHTMENÜ

*Je 1 Kalbshirn und Kalbsbries • 100–150 g Lunge • 1 säuerlicher, in
ca. 1 cm dicke Scheiben geschnittener Apfel (Kerngehäuse entfernt)
• 150 g Broccoliröschen • 100 g Ricotta • 1 Ei • Mehl • geriebene
Muskatnuß • einige Artischockenböden/-herzen • Butter • Öl • 1 Ei •
Mehl • Semmelbrösel/Paniermehl*

Für den Weinteig:
*200 g Mehl • ¼ l (trockener) Weißwein • Schale einer Viertel Zitrone
(unbehandelt) • Salz • Pfeffer • 1 Prise Staub-/Puderzucker • Klar/
Weißes von zwei Eiern • (2 cl Weinbrand)*

Zutaten für den Weinteig (mit Ausnahme von Eiklar und Weinbrand)
gut verquirlen und ca. 1 Stunde ruhen lassen.
Währenddessen Hirn und Bries ca. 5 Minuten in Salzwasser halb
durch kochen, Lunge ganz weich kochen, alles auskühlen lassen und
in daumengroße Stücke schneiden.
Broccoli und Artischocken in Butter maximal bißfest dünsten.
Ricotta mit Ei gut vermischen, mit Muskatnuß würzen, kleine Bäll-
chen oder Fladen formen, rasten lassen.
Eiklar steif schlagen und vorsichtig unter den Weinteig heben. Hirn,
Bries und Broccoliröschen durch den Weinteig ziehen und gemeinsam
schwimmend in Öl herausbacken. Weinbrand unter den Teig mengen,
Apfelscheiben durchziehen und im selben Öl herausbacken.
Verbliebenen Weinteig stark pfeffern, Lungenstücke durchziehen
und ebenfalls im selben Öl herausbacken.
Ricotta-Bällchen zuerst in Mehl, dann in Ei, abschließend in Bröseln
wälzen und schwimmend in Öl backen.
Artischockenböden/-herzen salzen, mit Mehl stauben und kurz – in
frischem Öl – braten.

Hinweis:
Genau betrachtet, müßten auch noch Hoden- und Rückenmarks-
würfel im Weinteig herausgebacken werden – dies ist leider im
deutschsprachigen Raum nicht mehr möglich.

Römische Gourmets zelebrieren „ihr" Schlachtfest mit diesem Gericht als Antipasto/Vorspeise (in diesem Fall Menge dritteln), dann
folgt als Primo Piatto/Erste Hauptspeise „RÖMISCHE KUTTELN/
KALDAUNEN" (S. 33), als Secondo Piatto/Zweite Hauptspeise wird
über Holzkohlenfeuer gegrillter Kalbskopf gemeinsam mit gegrillter
Leber und Nieren aufgetragen.

HAGGIS

*500 g Hafermehl • je 250 g Nierenfett, Herz, Leber, Lunge – übli-
cherweise finden Innereien vom Schaf Verwendung, solche vom Kalb
sind aber ebenfalls möglich. Wer das Besondere mag, verwende Innereien vom Rotwild • 1 große feingehackte Zwiebel • je ein halber
TL Cayenne-Pfeffer, Piment • Salz • Pfeffer • Wasser • 1 kleines Glas
schottischer (!) Whisky*

Hafermehl im Backrohr bei niedriger Temperatur leicht bräunen.
Währenddessen Herz, Leber und Lunge separat in Salzwasser weich
kochen. Kurz überkühlen lassen, danach fein hacken (nicht faschie-
ren!). Sude gemeinsam auf ca. $\frac{1}{2}$ l einkochen und beiseite stellen.
Nierenfett fein faschieren.
Mehl mit den Innereien und dem Nierenfett gut vermischen, würzen,
Zwiebel dazugeben und mit dem Kochsud und Whisky übergießen.
Gemenge ca. eine $\frac{1}{2}$ Stunde stehen lassen, bis eine leicht formbare
Masse entsteht. Diese straff in eine Stoffserviette einbinden und
ca. 3 Stunden nicht zugedeckt in heißem Wasser simmern lassen.

(Das Original wird in den Pansen des Schafes eingenäht, diesen mehrere Male mit einer feinen Nadel anstechen, damit er nicht platzt.) Man kann das Gemenge aber auch in einer Form im Wasserbad garen – in diesem Fall spricht man von „Pot Haggis".

Fertige Haggis auskühlen lassen, in ca. 1 cm dicke Scheiben schneiden und scharf in Nierenfett herausbraten.

Hinweis:
Dieses schottische Nationalgericht leitet (zumindest) jedes Feiertags-Menü ein und ist auch, gemeinsam mit Spiegelei, Hauptbestandteil des schottischen Frühstücks.

SONSTIGE INNEREIEN

Dem Konsum aus hygienischen oder ethischen Gründen per Gesetz entzogene, schwer oder nicht mehr erhältliche Innereien, exotische Merkwürdigkeiten usw. fallen aus dem gesteckten Rahmen und wurden daher nicht behandelt. Es bleibt daher in diesem Kapitel lediglich eine Innerei zu behandeln übrig, die Ihr Fleischer – zumindest gegen Vorbestellung – relativ problemlos besorgen kann.

SCHWEINSNETZ

Das transparente, von feinen weißen Fettadern durchzogene Schweinsnetz umhüllt die Gedärme des Schweines. Andere Netze finden in der Küche höchst selten Verwendung (erwähnenswert ist das Kalbsnetz; Lammnetze sind hierzulande [fast] unbekannt). Es gibt nur eine sinnvolle, kulinarisch höchst empfehlenswerte Verwendung für diese feenhafte Struktur – Umhüllung für (herkömmlich oder exquisit hergestellte) Braten, Knödel/Klöße, Kroketten, Laibchen, Frikadellen, Hamburger usw. Das Schweinsnetz erfüllt dabei zweierlei Funktionen: zum einen werden Massen, die leicht zerfallen, zusammengehalten, zum zweiten hält es aufgrund seines hohen Fettgehaltes die jeweilige Füllung sehr saftig. In ein Netz eingehüllte Gerichte werden daher im Küchenlatein mit dem Zusatz „...im Netz" gekennzeichnet.
Netze werden in der Regel vom Fleischer küchenfertig abgegeben. Vor Gebrauch auf einem genäßten Tuch auslegen. Sie können tiefgefroren werden.

GESPICKTE REHLEBER IM NETZ

70 g in sehr dünne Scheiben geschnittener Selch-/Räucherspeck • Salz • Pfeffer • ca. 600 g Rehleber im Ganzen • wenig sehr, sehr kleingehackte Zwiebel • evtl. kleingewiegtes Petersiliengrün • einige Sardellenfilets • 1 Schweinsnetz • Schmalz/Schweinefett • 1 EL Erdäpfel-/Kartoffelstärke • ⅛ l Schlagobers/-sahne

Speck (leicht) pfeffern. In die Leber seitlich eine (oder zwei) tiefe, breite Tasche(n) schneiden, man kann die Leber auch ganz durchschneiden – nur die Enden müssen noch zusammenbleiben. Tasche(n) mit Zwiebel (und Petersilie) füllen, alternierend Speckscheiben und Sardellenfilets einlegen. Gefüllte Leber straff in das Schweinsnetz einschlagen, in Schmalz/Schweinefett rundherum anbraten und im Backrohr bei ca. 160° C fertig garen, dabei fleißig mit Bratfond begießen. Fertiggegarte Leber aus Bräter nehmen und warm halten (da die Leber dabei noch weitergart, kann sie vorerst innen noch gut rosa sein).
Bratfond mit Erdäpfel-/Kartoffelstärke kurz erhitzen und mit Schlagobers aufgießen, reduzierend kochen, bis eine seidig-sämige Sauce entsteht, mit Salz abschmecken. Leber in Scheiben schneiden, mit Sauce überseihen und sofort mit Erdäpfeln/Kartoffeln (können gemeinsam mit der Leber im Rohr gebacken werden) servieren.

SCHLACHTLAIBCHEN/-FRIKADELLEN/-BULETTEN IM NETZ

300 g Schweinslunge • 200 g Schweinsherz • 300 g Schweinefleisch (vornehmlich mageres vom Kopf, aber auch übliches Faschiertes/Hack ist möglich) • 2–3 EL weichgekochte Getreidekörner (s. Hinweis am Ende des Rezeptes) • Salz • Pfeffer • 1 gequetschte Knoblauchzehe • Thymian • Rind- und Knochensuppe • 2 geviertelte Schweinsnetze • Schmalz/Schweinefett

Lunge, Herz und Schweinefleisch fein faschieren. Mit dem Getreide und den Gewürzen sorgfältig vermengen und mit der Suppe zu einer saftig-lockeren Masse verarbeiten. Daraus Laibchen formen und diese in das Netz einwickeln. Laibchen in heißem Schmalz kroß braten und mit Erdäpfel-/Kartoffelpüree oder nur Erdäpfel-/Kartoffelsalat servieren.

Schlachtlaibchen finden sich über ganz Europa verstreut. Die geographische Zuordnung findet dabei in erster Linie über das verwendete Getreide statt: Reis wird in der Türkei (hier auch gebrochener Weizen, Bulgur), in Griechenland und im südlichen Italien verwendet: Maisgrieß (Polenta) in der Steiermark, Kärnten, im nördlichen Italien und der italienisch sprechenden Schweiz; Rollgerste in den Alpentälern; Roggen (selten) an den Hängen der Alpentäler; Hafer in Schottland und Irland; Weizen in allen flachen Gegenden Europas (Deutschland, Niederlande usw.); Hirse (und auch Reis) in Spanien; Buchweizen in Polen, Rumänien, Bulgarien, aber auch Kärnten usw. usf.

In Ermangelung von Getreidekörnern können aber auch in Milch und/oder verschlagenem Ei eingeweichte Semmelwürfel/Knödelbrot genommen werden (auch Brösel/Paniermehl).

Fertigen Sie übliche „Faschierte Fleischlaibchen/Frikadellen/Buletten" aus Rind-Schweine-Hackgemisch und schlagen Sie dieses in ein Netz ein, so spricht man ganz simpel von „NETZLAIBCHEN/-FRIKADELLEN/-BULETTEN". Man darf sie selbstverständlich auch ganz vornehm als „Boulettes de viande en crépine" bezeichnen.

JUNGFERNBRATEN

Ca. 700 g Schweinslungenbraten im Ganzen • Salz • Kümmelsamen • evtl. 1 gepreßte Knoblauchzehe • 1 mittlere feingehackte Zwiebel • ¼ TL getrockneter Thymian • wenig getrockneter Majoran • ca. 50 g kleingewürfelte Champignons • 1 EL Schmalz/Schweinefett • 1–2 TL feingewiegtes Petersiliengrün • ½ TL Stärkemehl • ⅛ l Knochensuppe (S. 23) • 1 Schweinsnetz

Fleisch mit Salz, Kümmel (und Knoblauch) einreiben, rasten lassen. Zwiebel, Majoran und Thymian und die Pilze in heißem Schmalz/Schweinefett 2 Minuten rösten. Von Herdplatte nehmen und Petersilie unterrühren. Gemisch gleichmäßig auf das Fleisch verteilen. Bestrichenes Fleisch fest ins Schweinsnetz einschlagen. Zugedeckt unter fortwährendem Begießen (anfänglich eigener Saft, danach Knochensuppe) im Backrohr bei 200° C in ca. 40 Minuten fertig braten. Fleisch herausnehmen, warm halten.
Bratensaft mit Stärkemehl stauben und mit Suppe aufkochen (kräftig mit Schneebesen rühren). Fleisch in Tranchen schneiden, mit der seidigen Sauce beträufeln und mit Erdäpfeln/Kartoffeln jeglicher Art servieren.